KB193030

일터에서 만난 성령님

저자 원용일

초판 1쇄 발행 2024. 7. 11.

발행처 도서출판 브니엘
발행인 권혁선

책임교정 조은경
책임영업 기태훈
책임편집 브니엘 디자인실

등록번호 서울 제2006-50호
등록일자 2006. 9. 11.

서울특별시 송파구 백제고분로28길 25 B101호 (05590)
마케팅부 02)421-3436
편집부 02)421-3487
팩시밀리 02)421-3438

ISBN 979-11-93092-24-8 03230

독자의견 02)421-3487
이메일 editorkhs@empal.com

북카페 주소 cafe.naver.com/penielpub.cafe
인스타그램 @peniel_books

도서출판 브니엘은 독자들의 원고를 설레는 마음으로 기다리고 있습니다.
위의 이메일로 간단한 기획 내용 및 원고, 연락처 등을 보내주십시오.

도서출판 브니엘은 갓구운 빵처럼 항상 신선한 책만을 고집합니다.

직 장 인 을 · 위 한 · 에 세 이 · 묵 상

일터에서
만난 성령님

원용일 | 직장사역연구소 소장

브니엘

태초에 있었던 천지창조의 기록이 알려주는 대로 일을 시작하신 분은 바로 하나님이셨다. 하지만 성부 하나님만 일하시지는 않았다. 땅이 혼돈 상태에 있을 때 하나님의 영이 수면 위에 운행하셨다. 성부 하나님과 성령 하나님이 함께 세상을 창조하셨다. 그리고 태초에 하나님과 함께 계셨던 '말씀'이신 성자 예수님도 창조 사역에 적극적으로 함께하셨다(요 1:1-3). 그래서 예수님이 이렇게 말씀하셨다.

"내 아버지께서 이제까지 일하시니 나도 일한다"(요 5:17).

이후 구약성경에서 성령님이 사람들, 특히 일하는 사람에게 역사하신 기록을 발견할 수 있다. 최근에 역대상을 읽다가 깜짝 놀라면서 일터에서 만나는 성령님을 확인했다. 베냐민과 유다 지파 사람들이 다윗을 찾아와 충성을 맹세하는 때에 "성령이 삼십 명의 우두머리 아마새를 감싸"셨다고 기록한다. 다윗이 그들을 받아들여 군대 지휘관으로 삼았다(대상 12:16-18). 성령이 감싸신 아마새는 삼십 명의 부하 장수들을 통솔하는 탁월한 리더십을 발휘했을 듯하다.

세상의 창조에 동역한 성령님에 대해 기록된 창세기를 펼쳐서 읽어나가는 사람은 요셉에 대한 기록을 보고 일터에서 만나는 성령님을 분명하게 확인할 수 있다. 애굽 왕 바로가 자신의 꿈을 해석한 요셉을 보고 외쳤다.

"이와 같이 하나님의 영에 감동된 사람을 우리가 어찌 찾을 수 있으리요"(창 41:38).

자신이 들어서 알고 있는 요셉의 이력과 그의 인생 여정에서 기대할 만한 능력의 범위를 훨씬 넘어서는 명쾌한 해몽과 애굽이 망하지 않을 대응책을 제시하는 혜안을 보고 바로 왕은 깨달았다. 애굽에서 신과 같은 존재인 자신 앞에서 요셉이 겁도 없이 다섯 번이나 언급하는 '하나님'의 영에 감화받은 것이 분명하다고 판단해 감탄하듯 외쳤다. 애굽의 궁궐에서 바로 왕이 증언해주는 성령님의 역사를 분명히 확인할 수 있다.

출애굽기의 뒷부분에도 하나님의 영이 브살렐에게 임한 명확한 기록을 볼 수 있다. 일하는 능력이 하나님의 영과 연결되어 가장 먼저 나타나는 장면이다. 하나님의 영을 충만하게 하여 "지혜와 총명과 지식과 여러 가지 재주로 정교한 일을 연구"하게 하셨다. 그래서 금과 은과 놋과 보석과 나무 등의 재료로 성막의 기구들을 만들었다(출 31:1-5). 브살렐(과 오홀리압)이 가진 능력으로 성막의 기구들을 만들 때 그 지혜와 기술 그리고 예술성과 창의성에 하나님의 영을 충만하게 하셨다는 뜻이다. 일하는 사람 브살렐과 오홀리압에게 성령님이 임하셨다.

신약성경에서 가장 역동적으로 성령님의 역사하심을 볼 수 있는 책이 바로 사도행전이다. 승천하시는 예수님은 하나님이 약속하신 성령으로 세례받기를 기다리라며 이렇게 명령하셨다.

> "오직 성령이 너희에게 임하시면 너희가 권능을 받고 예루살렘과 온 유대와 사마리아와 땅 끝까지 이르러 내 증인이 되리라 하시니라"(행 1:4-8).

성령님이 강림하신 후 사마리아로, 고넬료의 집으로, 또한 에베소에도 임하신 성령의 역사를 확인할 수 있다. 복음의 확장과 더불어 오순절이 확대되어 가는 과정을 우리가 분명하게 볼 수 있다.

복음 전파과정에서 성령 충만한 그리스도인의 행적도 확인할 수 있다. 마가의 다락방에 모인 120명의 제자가 그랬고 대표적으로 베드로와 바울이 성령님의 감화를 받아 유대인과 이방인을 향한 복음 전파를 위해 애썼다. 사도들은 오늘날로 말하면 전임사역자였다.

그 외에도 직업인에 대해 사도행전이 기록해 준다. 예루살렘을 방문하여 말씀을 읽으며 복음을 접하고 세례받은 에티오피아의 고위관리 내시가 대표적인 사람이다. 열정적으로 헌신하며 열심히 복음을 추구하는 사람을 통해 멀리 에티오피아에도 복음이 전파되었다.

성령 충만한 사람에게 나타나는 특징인 착함과 선함이 드러나는 모습도 인상적이다. 바나바와 도르가, 바울도 선행을 통해 성령의 역사하심을 드러내었다. 또한 사도행전은 위기 속에서 드러나는 리더십도 보여준다. 유라굴로 광풍을 뚫고 사람들을 다 살려낸 바울을 통해 성령 충만한 그리스도인의 리더십을 배울 수 있다.

한편 돈과 성공을 추구하다가 너무도 가까운 곳에 있던 복음을 받아들일 기회를 놓친 로마 총독 벨릭스는 오늘 우리의 일터에서도 어렵잖게 볼 수 있는 사람이다. 돈을 주고 성령을 사서 자신의 잃어버린 영향력을 회복해 보려다 망한 마술사 시몬의 실패도 다룬다.

이 묵상은 지난 2022년 5~7월, 9~10월에 유튜브 채널 〈일터소명〉에서 영상으로 나누었다. 「일터에서 만난 예수님」(2021년)과 「일터에서 만난 하나님」(2023년)에 이어 하나님과 함께 일하는 크리스천 직업인의 일터 묵상에 유익이 될 수 있기를 기대한다.

글쓴이 원용일

오직 성령이 너희에게 임하시면 너희가 권능을 받고
예루살렘과 온 유대와 사마리아와 땅 끝까지 이르러
내 증인이 되리라 하시니라. 사도행전 1:8

PART · 1

성령 강림을
체험한 사람들

01

>>> 사도행전 1:1-8

하나님 나라 증인들

사도행전은 사도 바울의 선교팀원이었던 의사 누가가 누가복음
에 이어 데오빌로 각하에게 보낸 사도들의 행적에 관한 기록이다. 하
지만 엄밀하게 말하면 교회를 통한 복음 전파의 과정을 주도하시는
'성령의 행전'이라고 할 수 있다. 세상 속 교회를 이끌어가신 성령님
의 역사를 확인할 수 있다. 또한 사도행전에는 "하나님 나라"라는 표
현이 열 번도 안 되게 나오지만, 하나님 나라로 시작해 하나님 나라
로 마치는 점이 이채롭다.

부활하신 예수님이 40일간 제자들에게 보이며 하나님 나라의 일
을 말씀하셨다(행 1:3). 그리고 땅 끝까지 가서 복음을 전파하기 위해
로마로 가서 서바나로 가려는 계획을 세웠던 바울에 대한 기록이 사
도행전의 마지막 부분에 나온다. 바울은 로마에서 재판을 기다리며
셋집에서 하나님 나라를 강론하고 전파하며 예수 그리스도의 복음을
전했다(행 28:23, 31).

이렇게 하나님 나라를 전파하는 일은 예수님의 말씀대로 성령이
임하여(행 1:8) 성령 충만함을 받았기 때문에 가능했다(행 2장). 이제
성령 충만을 받을 제자 공동체 구성원들이 과연 어떤 사람들이었는

지 사도행전 1장에서 다섯 가지로 묘사하고 있다.

사도행전을 시작하며 누가는 먼저 하나님 나라를 증거하는 증인들에 대해 알려준다. "데오빌로여 내가 먼저 쓴 글에는 무릇 예수께서 행하시며 가르치시기를 시작하심부터 그가 택하신 사도들에게 성령으로 명하시고 승천하신 날까지의 일을 기록하였노라. 그가 고난 받으신 후에 또한 그들에게 확실한 많은 증거로 친히 살아 계심을 나타내사 사십 일 동안 그들에게 보이시며 하나님 나라의 일을 말씀하시니라. 사도와 함께 모이사 그들에게 분부하여 이르시되 예루살렘을 떠나지 말고 내게서 들은 바 아버지께서 약속하신 것을 기다리라. 요한은 물로 세례를 베풀었으나 너희는 몇 날이 못 되어 성령으로 세례를 받으리라 하셨느니라. 그들이 모였을 때에 예수께 여쭈어 이르되 주께서 이스라엘 나라를 회복하심이 이 때니이까 하니 이르시되 때와 시기는 아버지께서 자기의 권한에 두셨으니 너희가 알 바 아니요 오직 성령이 너희에게 임하시면 너희가 권능을 받고 예루살렘과 온 유대와 사마리아와 땅 끝까지 이르러 내 증인이 되리라 하시니라"(행 1:1-8).

하나님 나라를 선포하는 소명

부활하신 후 40일 동안 예수님은 제자들에게 여러 차례 나타나셔서 하나님 나라에 관한 일들을 말씀하셨다. 하나님 나라를 임하게 하는 방법도 구체적으로 말씀하셨다. 그런데 제자들이 당장 그 일을 할 수는 없었다. 제자들이 예루살렘을 떠나지 말고 기다리면 하나님이 약속하신 성령이 임하여 그 일을 할 수 있다고 하셨다(5절). 성령이 임하시면 권능을 받아 예루살렘부터 시작하여 땅 끝까지 이르러 그리스도의 복음을 전하는 증인이 될 것을 분명히 말씀해 주셨다(8절).

사도행전은 바로 이렇게 성령님이 주도하신 복음 전파를 통해 하나님 나라가 임하는 과정을 알려준다. 예루살렘에서 시작하여(1-7장) 유다와 사마리아를 거쳐(8-9장) 세상 끝까지(10-28장) 복음이 전파되는 과정을 기록한다. 이것이 바로 사도행전에 등장하는 제자들이 일평생 추구한 소명이자 비전이었다. 오늘 우리에게도 일터와 삶의 현장에서 그리스도의 복음을 증거하는 소명이 주어졌다.

반복하여 숙지해야 할 우리의 소명

예수님은 3년 간 제자들과 함께 지내면서 이 땅에 임한 하나님 나라의 가치를 추구하며 살아가야 하는 삶에 대해 말씀하시고 보여주셨다. 예수님은 십자가 죽음과 부활을 통해서 하나님 나라를 이루는 방법에 대해서 명확하게 보여주셨다. 하지만 제자 공동체의 소명을 모든 사람이 다 숙지하고 있었던 것은 아니다. 당시 유대인 대부분은 예수님이 말씀하시는 "하나님 나라"가 당시 로마의 압제를 받는 팔레스타인의 정치적 해방을 통해 임하는 것으로 알았다. 이런 오해를 지적하면서 예수님은 다시 한번 하나님 나라가 임하는 시기는 하나님의 권한이라고 알려주셨다(7절). 그들에게 성령이 임하시면 하나님 나라를 이루는 소명에 관한 더 분명한 확신과 용기를 가질 수 있을 것이다.

예수님과 3년 동안 함께 지내며 가르침 받은 사람들도 하나님 나라에 대해서 오해하고 있었다. 우리도 분주한 직장생활 속에서 하나님 나라가 임하게 하는 소명과 비전을 망각하고 지낼 수 있다. 성령 충만하여 우리 자신과 우리 공동체가 하나님 나라 증인의 소명을 성취할 수 있기 위해 노력해야 한다.

 "하나님 아버지, 저의 인생 목표가 무엇이고 어떤 목적의식을 가지고 살아가는지 다시 한번 확인하여 분명한 소명의 삶을 살게 도와주소서. 하나님 나라의 증인 된 소명을 분명하게 깨닫고 수시로 확인하며 일하고 살아갈 수 있도록 주님이 함께하여 주소서."

>>> 사도행전 1:9-11

02 재림을 준비하는 사람들

18세기의 타락한 영국을 복음의 영향력으로 변화시킨, 감리교의 창시자 존 웨슬리에게 한 사람이 질문했다. "만약 예수님이 열 시간 후에 오셔서 세상에 종말이 임한다면 당신은 무엇을 하시겠습니까?" 이때 존 웨슬리는 예수님이 곧 오셔도 평소 계획한 일, 하던 일을 할 것이라고 대답했다. 88년의 생애를 살면서 오랜 기간을 매일 새벽 네 시에 일어나 기도로 시작한 웨슬리는 철저하게 계획한 삶을 살며 복음을 통한 부흥 운동을 이뤄냈다. 감리교인들을 영어로 '메소디스트'(methodist)라고 하는데, 이 단어는 본래 '방법', '규칙' 등을 의미하는 '메소드'(method)에서 나왔다.

한편 120여 년 전인 19세기 말에 미국 젊은이들이 보여주었던 태도도 매우 고무적이다. 그 당시 미국 대학들의 교정에 "이 세기가 끝나기 전에 주님이 재림하시게 하자!"라는 현수막이 많이 걸렸다고 한다. 세기말이 되면 사람들은 세상의 종말을 염려하며 두려워하는데 미국의 젊은이들은 복음을 땅 끝까지 전하여 주님의 재림이 곧 이루어지게 하자는 열정을 가졌다. 1885년 4월 5일에 첫 공식 선교사가 입국한 이후 많은 선교사가 우리나라에 온 것도 이런 '세기말 선교 열정'과 관계가 없지 않을 것이다.

하나님 나라 증인의 소명을 주신 예수님이 승천하시는 장면을 이렇게 묘사한다. "이 말씀을 마치시고 그들이 보는데 올려져 가시니 구름이 그를 가리어 보이지 않게 하더라. 올라가실 때에 제자들이 자세히 하늘을 쳐다보고 있는데 흰 옷 입은 두 사람이 그들 곁에 서서 이르되 갈릴리 사람들아 어찌하여 서서 하늘을 쳐다보느냐. 너희 가운데서 하늘로 올려지신 이 예수는 하늘로 가심을 본 그대로 오시리라 하였느니라"(행 1:9-11).

'이중의 종말'을 사는 사람들

우리 크리스천들은 두 가지의 종말을 염두에 두고 사는 사람들이다. 하나는 개인적인 종말이다. 우리는 예외 없이 언젠가 죽을 것이다. 그때가 언제인지 잘 알기는 힘들다. 그래서 우리는 한 사람의 이 세상 학교 졸업식을 치르는 장례식장에 가서 숙연하다. 또 하나의 종말은 예수님이 다시 세상에 오시는 재림이다. 예수님이 재림하시면 이 세상의 종말이 오는 것이다. 그때가 언제인지 누구도 알 수 없지만, 그때 누구도 피할 수 없는 온 인류의 인생 마감이 틀림없이 있을 것이다. 우리는 개인적 종말과 더불어 예수님의 재림으로 이루어질 세상의 종말, 이 두 가지 종말을 늘 염두에 두며 살아가야 한다.

세상 사람들은 비웃어도 주님은 반드시 오신다

세상을 떠들썩하게 했던 시한부 종말론자들의 악영향 때문인지 세상 사람들은 이제 '재림'이라는 말만 들어도 비웃는다. 그렇다고 우리 크리스천들도 그런 사람들에 대한 반작용으로 예수님의 재림에 대한 기대를 접고 종말을 준비하는 삶을 포기한다면 큰 문제가 아닐 수 없다. 아무도 정확한 시기를 예측할 수 없지만 주님은 반드시 다시 오실 것이다(마 24:36). 승천하실 때 천사가 "하늘로 올려지신 이 예수는 하늘로 가심을 본 그대로 오시리라"고 말한 대로 사람들의 눈에 보이도록 오실 것이다.

그날 예수님은 천사들과 함께 영광스럽게 재림하신다(마 25:31). 이렇게 때를 알지 못하고 갑작스럽게 오실 그리스도를 기억하며 우리는 주어진 사명의 시급성을 깨달아야 한다. 우리 자신의 인생 졸업이 언제일지 모르니, 하루하루 우리에게 주어진 삶의 순간순간에 최선을 다하며 주님의 부르심을 준비해야 한다. 또한 주님의 재림이 언제일지 모르니 각오를 단단히 하여 열정을 가지고 주님의 복음을 전파하는 일에 최선을 다해야 한다.

우리의 삶은 과연 종말 지향적인지 진지하게 돌아보아야 한다. '종말', '재림', '새 하늘과 새 땅'이라는 개념을 자주 접하지 못하는 현실적 어려움도 있다. 주님이 틀림없이 재림하실 것이고 그 시기가 점점 다가오고 있다는, 종말에 대한 긴장감을 유지할 수 있도록 노력해야 한다.

"아들을 다시 보내실 하나님, 주님의 재림을 늘 의식하고 긴장하며 책임을 다하는 삶을 살게 하소서. 주님의 재림이 가까우니 시급함을 담아 복음을 증거할 수 있게 도와주소서. 사람들을 사랑하는 마음을 갖고 전도할 수 있게 인도해주소서."

03

>>> 사도행전 1:12-14

한마음으로 기도에 힘쓴 사람들

레이건 전 대통령이 재임시절 3천 명이 넘는 정치인들이 모여 조찬 기도회를 하는 자리에서 연설한 적이 있다. 그 연설에서 레이건 대통령이 한 말 중에 기도의 중요한 점 하나를 지적하는 부분이 있다. "정치인들은 서로 원수가 되기 쉽지만 함께 기도하는 사이에 어떤 면으로든지 화해하고 이해할 수 있게 됩니다. 이런 기도의 힘은 참으로 놀랍습니다." 과연 그의 말대로 기도가 정치적 이해관계를 넘어 그 정치인들을 결속시켰는지 확인할 수는 없지만 그가 말한 기도의 속성은 틀림없어 보인다. 한마음으로 하나님께 드리는 기도가 기도하는 사람들의 차이와 갈등과 불편한 점들을 불식시키고 하나되게 한다. 그 대표적인 예를 제자들의 공동체에서 확인할 수 있다.

누가는 성령 강림 사건을 경험할 제자 공동체 구성원들이 기도에 힘쓴 사람들이라고 알려준다. "제자들이 감람원이라 하는 산으로부터 예루살렘에 돌아오니 이 산은 예루살렘에서 가까워 안식일에 가기 알맞은 길이라. 들어가 그들이 유하는 다락방으로 올라가니 베드로, 요한, 야고보, 안드레와 빌립, 도마와 바돌로매, 마태와 및 알패오의 아들 야고보, 셀롯인 시몬, 야고보의 아들 유다가 다 거기 있어

여자들과 예수의 어머니 마리아와 예수의 아우들과 더불어 마음을 같이하여 오로지 기도에 힘쓰더라"(행 1:12-14).

마음을 같이하여 기도하다

예수님이 승천하시는 모습을 본 후 제자 공동체 사람들은 예루살렘을 떠나지 말고 기다리라는 말씀을 따라 마가의 다락방에 모였다. 그들은 마음을 같이하여 기도에 힘썼다. 이 사람들의 기도에는 어떤 특징이 있을까? 첫 번째 특징은 마음을 같이하는 기도였다. 그저 함께 모여 같은 제목을 가지고 기도하기만 하면 합심 기도가 아니다. 그때 모인 사람들은 출신도, 성별도, 신앙 경력도 달랐다. 그 모든 조건을 초월하여 함께 기도했다. 그곳에 모인 사람들은 제자들과 예수님의 가족 그리고 여자들을 포함한 성도들이었다.

마가의 다락방 기도회에는 남자와 여자가 함께 모였다. 예수님의 제자들 안에도 로마를 위해 일하던 마태와 같은 세리가 있었는가 하면 로마 정권에 항거하던 열혈 민족주의자(셀롯인) 시몬도 있었다. 또 전에 예수님을 믿지 않고 핍박하던 예수님의 친형제도(요 7:5) 있었다. 그리고 오래전부터 예수님을 믿던 사람들까지 함께 모여 기도했다. 이렇게 다양한 사람들이 모여 기도했다. 하지만 그들은 모두 "마음을 같이하여" 기도했다. 예수님이 승천하면서 하신 말씀에 대한 확신이 있었기에 그들은 같은 마음을 가지고 기도할 수 있었다.

목숨을 걸듯 오로지 기도하다

마음을 같이하여 기도한 120명의 성도는 또한 열심히 기도했다. "오로지 기도에 힘쓰더라." 예수님은 승천하셨고 예루살렘을 떠나지 말고 머무르라고 하셨으니 그들은 그곳에 머물러 있어야 했다. 그렇게 머물러서 가장 힘써 한 일이 바로 기도였다. 아마도 그 열흘간의 모임 기간 중 많은 시간을 기도에 할당했을 것이다. 예수님이 승천하면서 예루살렘을 떠나지 말고 하나님이 약속하신 것을 기다리라고 하신 말씀을(행 1:4) 믿고 그들은 기도에 힘을 쏟았다. 언제까지 기도해야 하는지 정확히는 몰랐다. "몇 날이 못 되어 성령으로 세례를 받으리라"(5절)라고 하신 예수님의 말씀을 믿고 오로지 기도에 힘썼다.

예수님의 말씀을 따라 기도하는 이런 자세를 우리도 배워야 한다. 하나님 나라가 임하게 하려면 우리도 함께 모여 마음을 같이하여 기도에 힘써야 한다. 마음도 맞고 말도 잘 통하는 사람들과 기도하는 것으로 만족해서는 안 되겠다. 하나님 나라가 임하기를 바라는 한 가지 목적, 주님의 가르침에 순종하고 말씀을 따르기만 한다면 누구라도 마음을 같이하여 기도에 힘써야 하겠다.

예수님의 약속을 믿고 기도했던 사람들은 함께 모여 기도하기 힘들 만큼 다양한 부류의 사람들이었다. 그러나 그들은 마음을 같이하여 오로지 기도에 힘썼다. 하나님의 나라가 임하도록, 또한 우리의 성령 충만을 위해 우리도 기도에 힘써야 한다.

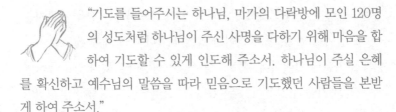
"기도를 들어주시는 하나님, 마가의 다락방에 모인 120명의 성도처럼 하나님이 주신 사명을 다하기 위해 마음을 합하여 기도할 수 있게 인도해 주소서. 하나님이 주실 은혜를 확신하고 예수님의 말씀을 따라 믿음으로 기도했던 사람들을 본받게 하여 주소서."

>>> 사도행전 1:15-20

04 말씀에 이끌리는 사람들

보나르 목사가 하나님의 말씀인 성경에 대해 이렇게 예찬했다. "내가 피곤할 때 성경이 나의 침대가 되고, 내가 어둠 속에 있을 때 성경이 나의 빛이 되고, 내가 굶주릴 때 성경이 나의 빵이 되고, 내가 병들었을 때 성경이 나를 고치는 약이 되며, 적적할 때 성경에서 많은 친구를 찾는다. 일할 때는 성경이 나의 유용한 도구요, 놀 때도 성경은 나의 즐거운 풍류로다!" 하나님의 말씀이 이렇게 우리 삶의 여러 부분에 유효적절하고 요긴하다. 하나님이 말씀을 통해 우리 삶을 인도해 주신다. 예수님의 약속에 따라 성령의 강림을 기다리던 제자 공동체에서도 그들의 현안을 말씀으로 풀어냈다.

열심히 기도하던 제자 공동체는 우리의 삶 속에서 말씀이 우리를 주관하신다는 확신을 갖고 살아가는 일이 중요하다는 점을 가르쳐준다. "모인 무리의 수가 약 백이십 명이나 되더라 그 때에 베드로가 그 형제들 가운데 일어서서 이르되 형제들아 성령이 다윗의 입을 통하여 예수 잡는 자들의 길잡이가 된 유다를 가리켜 미리 말씀하신 성경이 응하였으니 마땅하도다. 이 사람은 본래 우리 수 가운데 참여하여 이 직무의 한 부분을 맡았던 자라(이 사람이 불의의 삯으로 밭을 사고 후에 몸이 곤두박질하여 배가 터져 창자가 다 흘러나온지라 이 일이 예루살렘에 사는 모든 사람에게 알리어져 그들의 말로는 그 밭을 아겔다마라 하니 이는 피밭이라는 뜻이라). 시편에 기록하였으되 그의 거처를 황폐하게 하시며 거기 거하는 자가 없게 하소서 하였고 또 일렀으되 그의 직분을 타인이 취하게 하소서 하였도다"(행 1:15-20).

리더십의 회복도 주님의 말씀에 근거하다

마가의 다락방에 모였던 제자 공동체의 놀라운 특징 중 하나는 말씀에 이끌렸다는 점이다. 그 중요한 증거는 베드로가 여전히 제자 공동체에서 리더십을 가지고 건재했다는 사실이다. 예수님이 십자가에 달리시기 전 심문 받을 때 주님을 배신했던 베드로였지만 공동체 구성원들은 그를 신뢰했다. 베드로가 회의를 주관하고 있다. 어떻게 가능했을까? 예수님이 베드로에게 돌이킨 후 형제들을 굳게 하라는 말씀(눅 22:32)을 제자들이 믿었기 때문이다. 예수님이 베드로의 믿음이 떨어지지 않기를 기도하셨다.

또한 부활 후에도 예수님이 베드로가 배신한 일을 상기시키며 사랑을 확인하셨다. "내 양을 먹이라"고 하시며 다시금 사명을 주신 일(요 21:15-17)을 다른 제자들도 함께 보았고 자연스럽게 베드로의 리더십에 대해 수긍했다. 이렇게 예수님의 말씀에 근거해, 예수님을 부인했다가 회개하고 돌이킨 베드로의 리더십이 유지되었다. 제자 공동체에서는 말씀이 리더십의 근거였다. 예수님의 말씀에 근거해 리더십이 굳건하게 유지되었다는 점이 중요하다. 공동체 안에서 리더는 이 사람에서 저 사람으로 바뀔 수 있고 리더십의 유형도 변화될 수 있다. 그러나 하나님의 말씀은 불변한다.

현안을 말씀으로 풀어내기 위하여

또한 제자 공동체에서 말씀이 이끄는 리더십을 분명하게 보여주는 한 가지 일이 기록되어 있다. 예루살렘교회를 이끌어가는 힘은 베드로의 리더십이라기보다 하나님의 말씀이었다. 말씀이 공동체의 리더라는 점을 실제로 입증하는 예가 있다. 베드로는 유다의 배반과 죽음도 말씀에 기록된 예언을 이룬 것이며 다른 사람이 그 직분을 이어가야 한다는 제안도 구약의 말씀에서 근거를 찾았다(행 1:20). "시편에 기록하였으되 그의 거처를 황폐하게 하시며 거기 거하는 자가 없게 하소서 하였고 또 일렀으되 그의 직분을 타인이 취하게 하소서 하였도다" 베드로는 시편 69편 25절과 109편 8절을 인용했다. 말씀이 공동체를 이끌어간다는 의미는 이렇게 현실의 문제들을 말씀으로 풀어가는 것이다.

과연 우리는 일터에서 생기는 문제들을 말씀으로 해결하려는 의지가 있는가? 우리 일터에서 겪는 문제들도 하나님 말씀의 리더십으로 풀 수 있어야 한다. 어떻게 하면 이렇게 말씀으로 문제를 풀 수 있을까? 해박한 성경 지식으로 일이나 사건마다 말씀을 갖다 붙이기만 하면 능사가 아니다. 우리는 일터의 현실적인 문제들에 대한 말씀의 원리를 잘 발견하기 위해 노력해야 한다. 예민하고 경계선에 있어서 결정이 힘든 문제들에 대해서는 더욱 조심스럽게 말씀을 적용하고 결정할 수 있어야 하겠다.

과연 우리의 삶은 하나님의 말씀이 이끌어가도록 순종하고 있는지 돌아보아야 한다. 우리의 일터 속 삶에서 일하는 태도나 방법, 인간관계, 문제 해결 등에서 하나님의 말씀에 어긋나는 점을 살펴볼 수 있다. 의심스럽고 문제의식이 느껴지는 부분은 철저히 말씀의 거울에 비추어 해결하기 위해 노력해야 한다.

"말씀으로 제자 공동체를 이끄셨던 하나님, 오늘 우리 믿는 사람들의 공동체 구성원들도 하나님의 말씀에 이끌리는 삶을 살게 도와주소서. 과연 이런 생각이나 행동이 말씀에 합당한지 스스로 질문하며 확인할 수 있게 주님이 함께하여 주소서."

05

>>> 사도행전 1:21-26

공동체를 이루는 사람들

퀴즈를 하나 풀어보자. 열두 사도 중 유다의 탈락으로 보궐 투표를 했다. 두 후보인 요셉과 맛디아 중에 누가 더 당선 가능성이 큰 사람이었을까? 여러 각도로 생각할 수 있겠지만, 나는 당시 그곳에 모인 120명의 성도 중 많은 사람은 요셉을 사도 후보 1순위로 생각했다고 본다. 요셉이 더 지명도가 높은 사람이었다. 여러 이름과 별명으로 불리는 것은 그가 잘 알려졌음을 알려준다. 요셉은 이스라엘에서 흔한 이름이지만 요셉은 '맹세의 아들'이라는 뜻의 또 다른 히브리 이름 '바사바'로도 불리었다. 그의 성품과 성격을 알 수 있다.

또한 별명으로 불린 '유스도'라는 라틴어 이름은 요셉의 활동 영역을 암시해 준다. 당시 팔레스타인을 지배하던 로마에서도 활동하거나 영향력을 가지고 있었던 듯하다. 무엇보다도 두 사람의 이름을 기록하는 순서에서, 저자 누가의 글 쓰는 습관을 고려할 때, 먼저 이름을 기록한 요셉이 맛디아보다는 더 유력한 사도 후보였음을 확인할 수 있다.

흥미로운 사도 보궐 투표, 제비뽑기 방식이었던 보궐선거의 결과는 어떻게 났을까? "이러하므로 요한의 세례로부터 우리 가운데서 올려져 가신 날까지 주 예수께서 우리 가운데 출입하실 때에 항상 우리와 함께 다니던 사람 중에 하나를 세워 우리와 더불어 예수께서 부활하심을 증언할 사람이 되게 하여야 하리라 하거늘 그들이 두 사람을 내세우니 하나는 바사바라고도 하고 별명은 유스도라고 하는 요셉이요 하나는 맛디아라. 그들이 기도하여 이르되 뭇 사람의 마음을 아시는 주여 이 두 사람 중에 누가 주님께 택하신 바 되어 봉사와 및 사도의 직무를 대신할 자인지를 보이시옵소서. 유다는 이 직무를 버리고 제 곳으로 갔나이다 하고 제비 뽑아 맛디아를 얻으니 그가 열한 사도의 수에 들어가니라"(행 1:21-26).

공동체를 세우기 위한 노력

베드로는 열두 사도에 속했다가 탈락한 유다를 대신하는 보궐 투표를 진행했다. 이 일은 공동체를 세우려는 의도였다. 그런데 왜 예수님을 배반한 가룟 유다의 자리에 사도 한 사람을 선출해 넣어야 했을까? 그들은 이제 곧 주님의 말씀대로 성령이 임하실 것이고 복음 전파가 본격적으로 시작될 것을 예상할 수 있었다. 그 중요한 일을 진두지휘할 사도들의 공동체를 정비할 필요를 당연히 느꼈을 듯하다. '12'라는 수의 상징성을 부각시켜 교회 공동체를 새롭게 출발시켜야 할 필요도 있었을 것이다.

신약시대에도 흩어진 교회 공동체를 '열두 지파'라고 부르기도 한 것을 보면 사도의 궐석을 보선하는 일은 의미가 있었다. "하나님과 주 예수 그리스도의 종 야고보는 흩어져 있는 열두 지파에게 문안하노라"(약 1:1). 그 외에도 추론 가능한 사도 보궐 투표의 목적을 성도들이 인정하고 수긍했기에 제비뽑기를 진행했다.

누가 당선되어도 좋다는 자신감으로

초대교회 공동체는 사도의 보궐 투표를 위해 사도의 자격 조건을 합리적으로 정했다(21-22절). "요한의 세례로부터 우리 가운데서 올려져 가신 날까지 주 예수께서 우리 가운데 출입하실 때에 항상 우리와 함께 다니던 사람"이라는 자격 조건이었다. 열두 사도 외에도 예수님과 함께 다니던 사람들이 많이 있었다고 볼 수 있다. 이런 후보군 중에서 조건에 합당한 두 사람을 사도 후보로 추천했다. 바사바라고도 하고 별명은 유스도라고 하는 요셉과 맛디아였다. 뒤에 나오고 간단히 이름만 서술된 맛디아보다는 여러 이름으로 불린 요셉이 더 유력해 보였다. 그러나 제비뽑기를 통해 맛디아가 당선되었다. 그러나 사람들은 이 제비뽑기의 예상 밖 결과를 아무도 문제 삼지 않고 수긍했다.

이것은 무엇을 말해주는가? 초대교회 공동체를 이룬 사람들은 누구나 일할 준비가 되어 있었다는 뜻이다. 자격 기준에만 들면 누가 일해도 상관없다는 생각을 공유하고 있었다. 이것은 그들이 이미 예수님의 제자도를 통해 훈련되어 있었음을 말해준다. 이렇게 훈련받은 사람들이 공동체를 세운다. 우리가 이렇게 교회에서나 일터에서 훈련받아 예수 그리스도의 제자 공동체를 세워야 하겠다.

하나님 나라에서 섬기기 위한 제자도의 기본 조건을 충족시킨 요셉과 맛디아가 제비뽑기를 통해 결정된 투표에 수긍한 점을 꼭 기억해야 한다. 누가 되어도 일할 준비가 되어 있다는 자신감을 우리도 배울 수 있다. 교회에서나 일터 신우회에서도 예수님의 제자로 살아가는 훈련된 사람이 되어야 한다.

"하나님 아버지, 하나님의 나라가 이 땅에 임하게 하기 위해 예수님의 제자로 훈련받게 하시니 감사합니다. 준비된 자세와 능력 그리고 용기를 허락해 주소서. 제가 먼저 준비하는 일이 중요합니다. 부르시면 언제라도 일할 수 있도록 주님이 함께하여 주소서."

06

>>> 사도행전 2:1-8, 12-13

성령 충만하여
하나님의 큰일을 증거하다

사도행전 2장에 나오는 성령 강림에 대한 신학적 해석은 크게 두 가지이다. 예수님의 십자가 구속 사건이 한 번인 것처럼 성령님도 한 번 강림하셨다는 주장이 있다. 또한 오늘날에도 성령님이 계속 강림하신다는 주장도 있다. 나는 개인적으로 확신하는 견해가 있지만, 신학적 입장의 차이보다 더욱 중요한 점이 있음을 알았다. 사도행전 1장에서 성령님의 강림을 기다리는 사람들이 보여준 특징을 우리가 확인했다. 마가의 다락방에 모인 120명의 사람은 하나님 나라 증인들이었고 예수님의 재림을 준비하는 사람들이었다. 한마음으로 기도에 힘쓴 사람들이었고 말씀에 이끌리는 사람들이고 공동체를 이루는 사람들이었다.

이렇게 준비된 사람들에게 예수님의 말씀대로 성령님이 강림하시는 사건이 있었다. 그러자 크리스천 공동체가 어떻게 달라졌는가 하는 점이 중요하다. 철저하게 복음을 증거하는 선교 공동체로 탈바꿈했다. 오늘 우리도 사도행전을 쓴 누가가 강조하는 이 점에 집중해서 성령님의 강림에 대해 살펴볼 수 있다.

누가는 성령 강림 사건을 이렇게 묘사한다. "오순절 날이 이미 이르매 그들이 다같이 한 곳에 모였더니 홀연히 하늘로부터 급하고 강한 바람 같은 소리가 있어 그들이 앉은 온 집에 가득하며 마치 불의 혀처럼 갈라지는 것들이 그들에게 보여 각 사람 위에 하나씩 임하여 있더니 그들이 다 성령의 충만함을 받고 성령이 말하게 하심을 따라 다른 언어들로 말하기를 시작하니라. 그때에 경건한 유대인들이 천하 각국으로부터 와서 예루살렘에 머물러 있더니 이 소리가 나매 큰 무리가 모여 각각 자기의 방언으로 제자들이 말하는 것을 듣고 소동하여 다 놀라 신기하게 여겨 이르되 보라. 이 말하는 사람들이 다 갈릴리 사람이 아니냐. 우리가 우리 각 사람이 난 곳 방언으로 듣게 되는 것이 어찌 됨이냐. …다 놀라며 당황하여 서로 이르되 이 어찌 된 일이냐 하며 또 어떤 이들은 조롱하여 이르되 그들이 새 술에 취하였다 하더라"(행 2:1-8, 12-13).

성령님이 강림하시다

예수님의 약속대로 성령님이 강림하셨다. 강림하신 성령님이 지금까지 우리와 함께 계신다. 이 일은 예수님이 승천하며 세상 끝 날까지 함께하겠다고 하신 말씀의 가시적 성취이기도 하다. "내가 너희에게 분부한 모든 것을 가르쳐 지키게 하라. 볼지어다. 내가 세상 끝날까지 너희와 항상 함께 있으리라 하시니라"(마 28:20). 성령님이 강림하신 후 사람들에게 어떤 일이 일어났는가? 그들은 방언하기 시작했다(4절). 그런데 여기에 나오는 방언은 '기도하는 영적 언어'의 은사가 아니고 복음 전파라는 목적을 위한 특별한 언어의 은사였다.

성령 충만한 제자들이 성령의 말하게 하심을 따라 복음을 전하는데 지중해를 중심으로 각지에 흩어져 살다가 온 유대인들이 각각 자기들이 살던 나라의 말로 알아들었다. 성령 강림 사건 후에 있은 이 이적의 목적은 땅 끝까지 예수 그리스도를 증거하기 위함이었음을 (행 1:8) 알 수 있다. 오늘날에도 예수 그리스도의 복음을 전파하는 목적에 부합하여 나타날 수 있는 은사이다.

우리가 전할 '하나님의 큰일' 은?

제자들은 오순절에 모인 유대인들에게 방언을 말하면서 '하나님의 큰일' 에 대해서 전했다(11절). 듣는 사람들이 다 놀랐다. 구체적인 내용은 나와 있지 않지만 우리가 쉽게 상상할 수 있다. 그리스도의 오심과 죽음과 부활, 승천, 성령님의 강림 사건으로 이어지는 하나님의 위대한 구원 역사이다.

오늘 우리도 이런 복음을 전해야 한다. 우리도 성령 충만하여 일터에서 동료들에게 복음을 전해야 한다. 우리의 일로 타 문화권으로 나갈 기회가 있다면 직업선교사로 훈련받아 복음을 전할 수 있으면 좋다. 오늘날에는 번역기와 통역기가 '방언' 을 대신할 수 있겠다는 재밌는 생각도 들었다. 잘 활용한다면 성령의 도구가 충분히 될 수도 있다. 중요한 점은 성령의 세례를 받은 제자들이 하나님의 큰일에 대해 증거했고 많은 사람이 반응했다는 점이다.

오늘 우리에게도 예수님을 믿고 성령의 충만함을 받아 우리의 일터에서 하나님의 큰일에 대해 증거해야 하는 사명이 있음을 명심해야 한다. 사람들이 복음에 반응하기도 하고 새 술에 취했다고 조롱하기도 하던 일을 우리도 경험할 수 있다. 성령 충만함을 통해 어려움을 극복하며 일터 속 전도자가 되기 위해 노력해야 한다.

 "예수님의 약속대로 성령님을 보내신 하나님, 성령 충만
했던 제자들처럼 복음을 전할 수 있게 인도해 주소서.
일하는 곳에서 복음을 전하는 일이 가장 우선적입니다.
성령 충만으로 무장하고 우리 시대의 다양한 미디어도 활용하여 지혜
롭고 효과적으로 복음을 전할 수 있게 도와주소서."

>>> 사도행전 2:14-21

07

세상의 비난에
당당하기 위하여!

    성령님이 강림하신 후 사도들이 성령 충만하여 전한 방언 복음을 각국에서 온 디아스포라 유대인들이 각자 사용하는 언어로 알아듣는 놀라운 역사가 있었다. 그런데 어떤 사람은 "그들이 새 술에 취하였다"고 비난했다(행 2:13). 성령 충만함과 술에 취함이 비슷한 모습이 있는 것일까? 이 부분 외에도 성경에서 성령 충만한 것을 술에 취하는 것과 비교하는 예도 있다.

    대표적인 구절이 바울의 "술 취하지 말라. 이는 방탕한 것이니 오직 성령으로 충만함을 받으라"(엡 5:18)이다. 성령 충만함과 '술 충만'은 현상이 비슷하기에 비교되는 듯하다. 술에 취하면 술의 지배를 받는다. 자기 생각대로 되지 않아서 비틀거리고 큰 실수를 저지르기도 한다. 성령의 충만도 그렇게 성령님의 지배를 받는 것이니 유사한 점이 있지 않은가? 이런 유사성을 활용해 베드로가 사람들의 비난과 조롱에 적절하게 대응하며 변호하고 있다.

    성령 충만한 베드로의 담대하고 웅장한 설교를 들어볼 수 있다. "베드로가 열한 사도와 함께 서서 소리를 높여 이르되 유대인들과 예루살렘에 사는 모든 사람들아 이 일을 너희로 알게 할 것이니 내 말에 귀를 기울이라. 때가 제 삼 시니 너희 생각과 같이 이 사람들이 취한 것이 아니라. 이는 곧 선지자 요엘을 통하여 말씀하신 것이니 일렀으되 하나님이 말씀하시기를 말세에 내가 내 영을 모든 육체에 부어 주리니 너희의 자녀들은 예언할 것이요. 너희의 젊은이들은 환상을 보고 너희의 늙은이들은 꿈을 꾸리라. 그 때에 내가 내 영을 내 남종과 여종들에게 부어 주리니 그들이 예언할 것이요. 또 내가 위로 하늘에서는 기사를 아래로 땅에서는 징조를 베풀리니 곧 피와 불과 연기로다. 주의 크고 영화로운 날이 이르기 전에 해가 변하여 어두워지고 달이 변하여 피가 되리라. 누구든지 주의 이름을 부르는 자는 구원을 받으리라 하였느니라"(행 2:14-21).

세상의 비난을 반박할 근거를 제시하라

여론은 종종 특정 집단을 표적으로 삼아 집중적으로 비난한다. 교회와 크리스천들의 꼬투리를 잡는 경우도 종종 있다. 잘못한 일도 있고 억울한 면도 있는 경우가 대부분이어서 보통 양면적으로 이해해야 한다. 코로나 19 상황에서도 우리가 이런 경험을 했다. 이런 상황에 적절히 대처하기 위해서는 잘못은 시인하면서도 정당한 근거를 들어 효과적으로 반박할 것은 할 수 있어야 한다. 성령 충만함의 결과로 방언을 하여 많은 사람이 복음을 알아듣는 이적을 보고 사람들은 사도들이 술 취했다고 비난하자 베드로는 "때가 제 삼 시"라고 말했다. 오전 아홉 시라는 말이다.

"당신들은 이 시간에 술 마십니까? 안 마시지요? 그럼 우리는 낮술 마셨겠나요? 정 의심스러우면 음주측정기로 확인해 보십시오."

이렇게 비난하는 세상을 향해 조목조목 근거를 제시할 수 있어야 한다. 흥분할 필요도 없다. 냉정하고 이성적으로 제시하는 근거가 효과적인 변증이 될 수 있다. 세상의 비난에 대한 객관적이고 정당한 대응은 복음을 믿지 않는 그들에게 복음의 정당성을 밝힐 기회가 된다.

정당하게 행동해야만 한다

이렇게 되기 위해서는 정당하게 행동하는 일이 중요하다. 조금 더 상상해 보자. 만약 베드로가 자신들은 술을 안 마셨다고 변호했는데, 전날 밤의 기도회 때 몰래 빠져나가 술을 마시고 온 몇 사람이 있었다면 어떻게 되었겠는가? 만약 그랬다면 그대로 끝났을 테다! "야, 이것 봐라! 여기 아직 숙취 덜 풀려 취한 놈 잡았네. 여러분, 이제 엉터리 회심 쇼 끝났어요. 다들 집으로 돌아가세요!"

오순절을 맞아 성전을 순례하러 온 유대인들과 예루살렘 사람 중 3천 명이 회개하고 돌이키는 놀라운 회개와 부흥의 역사가 일어나지 못했을지 모른다. 종말의 때에 하나님이 성령을 부어 주셔서 자녀들이 예언하고 젊은이들은 환상을 보고 늙은이들은 꿈을 꾸는 요엘 선지자의 환상도(16-21절) 물거품이 되었을 것이다.

우리가 일터에서 무너지면 안 되는 이유

책임감을 느끼는가? 우리가 이 치열한 기독교와 교회 변증의 기회 앞에서 정신을 똑바로 차려야 한다. 하나님을 섬기는 교회의 구성원이라는 우리의 정체성이 어느 정도의 책임감으로 다가오는가? 우리가 일터에서 '크리스천'이라는 교회의 대표선수로 제대로 살지 못하다가 주일에 교회에 가면 우리 교회가 없어졌을지도 모른다! 내가 세상 사람들에게 비난받으면 한국 교회가 끝장난다는 절박함으로, 내가 일터에서 죽 쑤면 우리 교회가 문 닫는다는 치열한 책임의식을 가지고 우리는 성령 충만해야 한다. 그리고 바람직하게 행동해야 한다.

'술'에 취해야 소통하고 어울릴 수 있다는 세상에 '성령' 충만으로 대응할 수 있도록 노력해야 한다. 하나님의 지적사항이 담긴 세상의 비난에 정당하게 대응하기 위해 바르게 일하고 살아서 정당성을 확보해야 한다. 그래서 "누구든지 주의 이름을 부르는 자는 구원을 받으리라"(21절)는 말씀이 우리의 일터에서도 활발하게 이루어지도록 노력해야 한다.

 "세상을 사랑하시는 하나님, 우리 교회와 크리스천들이 세상 사람들에게 비난받고 있는 안타까운 상황을 긍휼히 여기소서. 세상의 소금과 빛인 우리의 존재를 제대로 드러내지 못한 잘못을 용서하여 주소서. 성령 충만하여 세상을 향해 능력의 복음으로 효과적이고 바람직하게 변증할 수 있도록 인도해 주소서."

>>> 사도행전 2:36-47

08 두려움과 부러움을 느끼게 하라

　　오래전이지만 인상적이어서 기억나는 광고가 있다. 휴대폰 광고
로 기억하는데 전남 보성의 아름다운 차밭을 배경으로 했다. 자전거
를 탄 한 수녀가 차밭의 곁길을 지나다가 한 비구니 곁을 지나쳐 갔
다. 잠시 가다가 자전거를 돌려 돌아온 수녀가 비구니를 태우고 함께
가는 모습이 아름다운 차밭의 배경과 함께 매우 정겹게 느껴졌다. 부
럽기도 하여 혹시 기독교에 대해 호의적 이미지로 표현한 광고가 있
는지 확인해 봤지만 쉽게 찾을 수 없었다. 요즘에도 우리 기독교가
세상 사람들에게 전혀 호의적으로 인식되지 못한다. 부정적 이미지
가 드러나는 때가 더 많은 것 같아 안타깝다.

　　오순절 성령 강림을 통해 형성된 교회의 성도들은 당시 예루살렘
사람들에게 어떤 평판을 받았는지 누가가 알려준다. "그런즉 이스라
엘 온 집은 확실히 알지니 너희가 십자가에 못 박은 이 예수를 하나
님이 주와 그리스도가 되게 하셨느니라 하니라. 그들이 이 말을 듣고
마음에 찔려 베드로와 다른 사도들에게 물어 이르되 형제들아 우리
가 어찌할꼬 하거늘 베드로가 이르되 너희가 회개하여 각각 예수 그

리스도의 이름으로 세례를 받고 죄 사함을 받으라. 그리하면 성령의 선물을 받으리니 이 약속은 너희와 너희 자녀와 모든 먼 데 사람 곧 주 우리 하나님이 얼마든지 부르시는 자들에게 하신 것이라 하고 또 여러 말로 확증하며 권하여 이르되 너희가 이 패역한 세대에서 구원을 받으라 하니 그 말을 받은 사람들은 세례를 받으매 이 날에 신도의 수가 삼천이나 더하더라. 그들이 사도의 가르침을 받아 서로 교제하고 떡을 떼며 오로지 기도하기를 힘쓰니라. 사람마다 두려워하는데 사도들로 말미암아 기사와 표적이 많이 나타나니 믿는 사람이 다 함께 있어 모든 물건을 서로 통용하고 또 재산과 소유를 팔아 각 사람의 필요를 따라 나눠 주며 날마다 마음을 같이하여 성전에 모이기를 힘쓰고 집에서 떡을 떼며 기쁨과 순전한 마음으로 음식을 먹고 하나님을 찬미하며 또 온 백성에게 칭송을 받으니 주께서 구원받는 사람을 날마다 더하게 하시니라"(행 2:36-47).

사람들이 두려움을 느끼게 하라

마가의 다락방에 모여 예수님의 말씀대로 기다리던 120명의 제자 공동체 사람들에게 성령님이 강림하셨다. 이 사건 후에 베드로가 사도들의 방언에 대해 변호하고 당당하게 하나님의 놀라운 역사임을 입증했다. 그리고 베드로가 오순절에 성전 순례를 하러 온 유대인들과 예루살렘 사람들에게 설교했다. 하나님이 미리 계획하신 대로 요엘의 예언을 성취하며 구원을 베푸셨다. 그 일이 예수 그리스도의 십자가 사역을 통해 이루어졌다고 베드로가 설명했다. 사람의 몸을 입고 이 땅에 오신 성자 예수님이 십자가에 달려 죽임당하시고 부활하여 승천하셨다. 지금도 하나님 보좌 우편에서 세상을 통치하고 계신다. 하나님이 예수님을 '주와 그리스도'가 되게 하였다고 설교했다. 마음에 찔림이 있던 사람들에게 회개하고 예수의 이름으로 세례를 받으면 성령을 선물로 받는다고 분명하게 알려주었다(14-40절).

그날 3천 명의 디아스포라 유대인들이 회개하고 세례를 받아 교회의 일원이 되는 놀라운 역사가 일어났다(41-42절). 그러자 사람들은 예루살렘교회의 사람들을 두려워했다. 사도들로 인해서 놀라운 기적들이 많이 나타나는 모습도 사람들은 보았다. 그것이 그들에게 두려움을 유발했다. 또한 믿는 사람들이 함께 있으면서 교제하고 기도하고 물건을 서로 나누어 쓰는 모습을 보고도 그들은 두려웠다. 오늘날 세상 사람들이 교회나 우리 크리스천들을 두려워하지 않는 이유는 무엇일까? 진정한 회심의 역사가 일어나는 일이 많지 않고 성령 충만한 성도들의 능력을 볼 수 없기 때문은 아닌지 생각해 본다.

사람들이 부러움을 느끼게 하라

아울러 우리 크리스천들은 세상 사람들이 우리를 보고 칭찬하면서 부러움을 느끼게 해야 한다. 예루살렘교회 성도들은 자신들의 재산을 함께 나누며 유무상통했고 참된 예배를 드리면서 아름다운 교제를 나누었다. 이런 모습을 본 세상 사람들은 부러움을 느꼈을 것이 틀림없다. 사람들은 이런 유형의 공동체를 경험해 본 적이 없었기 때문이다. 그래서 온 백성이 칭송할 수밖에 없었다.

그렇다면 오늘 우리 크리스천들의 모임을 보고 세상 사람들이 부러워하지 않는 이유도 분명하다. 어렵게 사는 크리스천 이웃들조차 긍휼히 여기지 않고 오히려 서로 다투는 모습을 보이며, 예배도 지루하고 교제도 회식 자리만 못하다고 생각하니 부럽지 않은 것이 아닐까? 크리스천 공동체를 전혀 부러워하지 않는 사람들의 모습을 보고 우리는 충격을 받아야 한다. 공동체의 본질을 회복해야 한다. 그래서 세상 사람들이, 그리고 일터의 우리 동료들이 크리스천인 우리와 우리의 모임을 부러워하게 하도록 노력해야 한다.

세상 사람들과 우리 일터의 동료들이 하나님 앞에서 경외심을 느낄 수 있도록 베드로처럼 복음을 노출해야 한다. 어떻게 하면 우리를 보고 부러움을 느끼게 할 수 있을까? 예루살렘교회 사람들이 하나님을 섬기며 "온 백성에게 칭송을 받으니 주께서 구원받는 사람을 날마다 더하게 하"신 진정한 부흥을 추구해야 한다.

 "하나님 아버지, 사람들에게 두려움과 부러움을 받기보다 우리가 세상 사람들을 두려워하고 부러워하는 경우가 많은 부족함을 용서하여 주소서. 무엇보다 복음의 본질에 충실하고 크리스천 공동체의 기본적 책임을 다하여 사람들이 부러워하도록 주님이 인도해 주소서."

09

예수님뿐! 우리는 아니라오!

　　신학교 시절에 한 교수님께 들은 이야기이다. 6, 70년대만 해도 외국에서 온 선교사들이 영어 회화 학원에서 본토 영어 강사로 활동하는 경우가 많았다. 수강료도 쌌기 때문에 그 학원에 가서 영어 공부를 하기도 했다고 한다. 한 번은 한 젊은 선교사 강사에게 이런 질문을 했다고 한다. "도대체 왜 젊은 나이에 말도 안 통하는 나라에 와서 외롭고 힘든 선교를 하십니까?" 그 질문을 받은 젊은 선교사는 이렇게 짤막하고 분명하게 대답했다.

　　"Jesus Christ is my life."

　　사도행전에도 자신의 생명 같은 분이 예수님이기에 자신들은 아니라는 이유를 제시한 예수님의 제자들이 있었다. "제 구 시 기도 시간에 베드로와 요한이 성전에 올라갈새 나면서 못 걷게 된 이를 사람들이 메고 오니 이는 성전에 들어가는 사람들에게 구걸하기 위하여 날마다 미문이라는 성전 문에 두는 자라. 그가 베드로와 요한이 성전에 들어가려 함을 보고 구걸하거늘 베드로가 요한과 더불어 주목하여 이르되 우리를 보라 하니 그가 그들에게서 무엇을 얻을까 하여 바라보거늘 베드로가 이르되 은과 금은 내게 없거니와 내게 있는 이것을 네게 주노니 나사렛 예수 그리스도의 이름으로 일어나 걸으라 하고 …너희가 거룩하고 의로운 이를 거부하고 도리어 살인한 사람을 놓아주기를 구하여 생명의 주를 죽였도다. 그러나 하나님이 죽은 자 가운데서 그를 살리셨으니 우리가 이 일에 증인이라. 그 이름을 믿으므로 그 이름이 너희가 보고 아는 이 사람을 성하게 하였나니 예수로 말미암아 난 믿음이 너희 모든 사람 앞에서 이같이 완전히 낫게 하였느니라"(행 3:1-6, 14-16).

기도의 사람이기 때문이 아니다

베드로와 요한이 성전에 기도하러 올라가다가 한 지체장애인을 일으켜 걷게 했다. 그런데 그 일을 자기들이 한 것이 아니라고 강조했다. 자신들이 베푼 이적이 아니라고 강조하는 첫 번째 근거는 자기들이 '기도의 사람'이었기 때문이 아니라는 것이었다. 그들은 성전에 들어가 하나님께 기도하고 나오다가 지체장애인을 고친 것이 아니다. 기도하러 성전에 올라가다가 지체장애인을 일으켰다(1절).

만약 기도하고 나오던 때 그런 이적이 있었다면 기도의 능력 때문이라고 주장할 수 있었을 것이다. 그런데 그렇지 않았다. 하나님이 긍휼히 여겨 치유의 이적을 베풀어 주시는 일은 이렇게 제자들의 권능과 경건 때문이 아니었다는 사실이 중요하다(12절). 베드로는 자신들을 향해 경탄의 눈길을 보내는 사람들에게 놀랍게 여기지 말고 자신들을 주목하지 말라고 한다. 오직 그리스도께서 그 놀라운 이적을 베푸셨기 때문이다.

제자이기 때문도 아니다

자신들이 베푼 이적이 아니라고 강조하는 두 번째 근거는 제자이기 때문도 아니라는 것이다.

베드로와 요한은 예수님의 제자이기 때문에 자기들이 그런 놀라운 능력을 행한 것도 아니라고 강조한다. 당시 유대 사회에서는 제자들은 훌륭한 랍비에게 배우다가 독립하는 것이 관행이었다. 스승이 하는 일을 제자들이 할 수 있었다. 하지만 베드로와 요한은 자신들은 능력자가 아니라 단지 '증인'이라고 주장한다. 어떤 일을 보고 사실대로 전하는 사람이라는 뜻이다. 역시 자신들의 부단한 수련을 통해 지체장애인을 고친 것이 아니라고 베드로와 요한은 강조하고 있다. 오직 예수 그리스도께서 그 지체장애인을 온전하게 하는 이적을 베푸셨다.

자선가이기 때문도 아니다

베드로와 요한이 자신들이 베푼 이적이 아니라고 강조하는 세 번째 근거는 자선을 실천했기 때문도 아니라는 것이다. 은과 금은 없다고 말하는 베드로와 요한은 구걸하는 사람에게 줄 돈도 없었던 것 같다. 물론 지체장애인이면서도 구걸하는 사람을 불쌍히 여기는 동정심이 이 이적의 시발점이었다. 하지만 동정심이 이적의 원인은 아니었다.

그러면 과연 무엇 때문에 지체장애인이 고침 받았는가? 베드로가 분명하게 선포한다. "나사렛 예수 그리스도의 이름으로 일어나 걸으라"(6절 하). "예수로 말미암아 난 믿음" 때문에 그 장애인이 나았다고 사도행전 기자도 강조한다(16절). 성령 충만함을 받은 제자들은

'예수 빼면 시체인 사람들'이었다. 예수, 예수, 또 예수… 베드로와 요한은 그저 예수님만이 지체장애인을 일으킨 이적을 가능하게 한 유일한 분이라고 강조하고 또 강조하고 있다.

성령 충만했기에 베드로와 요한은 그저 예수, 예수만을 외쳤다. "예수로 말미암아 난 믿음"이 지체장애인을 낫게 했다고 수많은 사람에게 분명하게 지적했다. 우리도 믿음을 가진 사도들을 본받아 예수님에게 사로잡힌 믿음의 사람이 되도록 노력해야 한다.

 "하나님 아버지, 예수님만이 제 인생의 전부이십니다. 주님이 저의 생명이고 삶의 근거이십니다. 평생 예수의 사람이라고 고백할 수 있는 믿음을 더하여 주소서. 저의 일터에서도 예수님에게 사로잡힌 사람의 분명한 정체를 드러낼 수 있도록 인도해 주소서."

10

>>> 사도행전 3:1-10

성령 충만한 우리를 보라

"우리들은 얼마 전 사형수로 죽었다가 부활한 예수의 제자들이오. 여러분도 그 예수를 믿으시오." 사도들이 이렇게 담대히 외칠 수 있었던 이유는 예수님이 약속하신 성령 세례를 받았기 때문이다. 예수님의 죽음 이후 두려워 숨었고 예수님을 만나 부활을 확인한 후에도 담대히 전하지 못했다.

하지만 성령 충만을 받은 후에는 담대히 자신들의 존재를 밝혔다. 나면서부터 걷지 못한 장애인으로 살아왔던 사람에게 베드로가 말할 수 있었다.

"우리를 보라!"

우리도 세상을 향해 이렇게 "성령 충만한 우리를 보라!"고 외칠 수 있어야 한다. 성령 충만한 사람은 자신의 어떤 모습을 보라고 할 수 있는지, "예수님뿐, 우리는 아니라!"고 고백한 두 제자의 고백과는 조금 다른 각도로 생각해 볼 수 있다.

우리도 성령 충만하여 지체장애인으로 상징되는 세상을 향하여 어떤 선포를 하며 행동할 수 있을까? "제 구 시 기도 시간에 베드로와 요한이 성전에 올라갈새 나면서 못 걷게 된 이를 사람들이 메고 오니 이는 성전에 들어가는 사람들에게 구걸하기 위하여 날마다 미문이라는 성전 문에 두는 자라. 그가 베드로와 요한이 성전에 들어가려 함을 보고 구걸하거늘 베드로가 요한과 더불어 주목하여 이르되 우리를 보라 하니 그가 그들에게서 무엇을 얻을까 하여 바라보거늘 베드로가 이르되 은과 금은 내게 없거니와 내게 있는 이것을 네게 주노니 나사렛 예수 그리스도의 이름으로 일어나 걸으라 하고 오른손을 잡아 일으키니 발과 발목이 곧 힘을 얻고 뛰어 서서 걸으며 그들과 함께 성전으로 들어가면서 걷기도 하고 뛰기도 하며 하나님을 찬송하니 모든 백성이 그 걷는 것과 하나님을 찬송함을 보고 그가 본래 성전 미문에 앉아 구걸하던 사람인 줄 알고 그에게 일어난 일로 인하여 심히 놀랍게 여기며 놀라니라"(행 3:1-10)

기도하는 우리를 보라

베드로와 요한은 자신들 때문에 지체장애인이 치유 받은 것이 아니라는 이유를 제시하며 자신들의 기도와 같은 경건의 능력 때문이 아니라고 분명히 밝혔다(12절). 그런데 베드로와 요한은 지체장애인에게 "우리를 보라!"고 했다(1절). 베드로와 요한은 유대인의 전통을 따라서 오후 세 시에 기도하러 올라갔다. 그 시간에 지체장애인은 사람들에게 구걸하고 있었다. 늘 그렇게 성전으로 기도하러 올라가는 사람들의 자비심에 기대어 살아가는 장애인에게 베드로와 요한은 기도하러 가는 자신들을 보라고 단호하게 말했다.

베드로는 이때만이 아니라 언제나 기도하는 사람이었다. 훗날 교회에 구제 문제로 어려움이 생기자 베드로는 기도와 말씀의 우선순

위를 분명하게 세웠다(행 6:4). 여제자 다비다가 죽었을 때도 무릎을 꿇고 기도하여 살려냈다(9:40). 식사를 준비하는 시장하고 피곤한 시간, 자투리 시간에도 지붕에 올라가 기도했다(10:9-10). 세상을 향해서 우리도 선포해야 하겠다.

"기도하는 우리를 보고 그리스도를 발견해 보세요."

"당신도 나와 같은 기쁨을 얻을 것입니다."

바로 당신, 세상을 주목하는 우리를 보라

또한 베드로는 장애인에게 '바로 당신, 세상을 주목하는' "우리를 보라!"고 했다(4절). 장애를 가지고 있으면서도 날마다 구걸해야 겨우 먹고사는 불쌍한 사람을 보고 베드로가 말했다. "우리는 바로 당신을 주목하는 사람들입니다. 우리를 보십시오." 이렇게 성령 충만함을 받은 제자들은 '세상'을 주목하는 사람들이었다. 하나님이 세상을 사랑하셨다(요 3:16). 그 세상을 구하기 위해 아들 하나님을 세상에 보내셨다. 성자 예수님은 십자가에서 세상을 위해 죽으셨다.

세상을 주목하는 그리스도인들은 세상 사람들의 아픈 상처를 잘 알아야 한다. 우리 사회의 모순덩어리가 무엇인지 파악해야 한다. 골이 깊어 풀기 힘든 갈등을 외면하지 말아야 한다. 성령 충만하여 세상을 주목하는 그리스도인들이 아픈 세상, 주님의 사랑이 필요한 세상을 고쳐낼 수 있다. 당신은 고통받는 세상을 주목하고 있는가? 그리스도의 능력으로 세상을 치유하고 돌볼 준비를 하고 있는가?

베드로와 요한은 자신들이 주목받기를 원하지 않았다. "우리 개인의 권능과 경건으로 이 사람을 걷게 한 것처럼 왜 우리를 주목하느냐"(12절 하). 성령 충만했기에 지체장애인에게 기도하는 우리를 보라고 담대히 말할 수 있었다. 고통받고 있어서 예수님이 꼭 필요한 당신과 세상을 주목하는 우리를 보라고 담대히 말했다. 우리도 성령 충만하여 세상을 향해 우리를 보라고 외쳐야 한다.

"세상을 사랑하시는 하나님, 바쁘다고 핑계 대고 게을러서 제대로 기도하지 못한 저를 용서하여 주소서. 성령 충만하여 기도하는 사람이 되어 고통받는 세상이 예수님을 주목하게 할 수 있도록 도와주소서. 성령님의 능력으로 세상과 일터를 치료하고 변화시킬 수 있게 하여 주소서."

>>> 사도행전 3:12-21

11

회개하라!
용서받고 새롭게 되리라!

신약성경에는 바울 서신이 여러 편 있어서 사도 바울이 전하는 복음의 내용을 다양하게 접할 수 있다. 사도 바울에 비하면 사도 베드로가 쓴 서신은 베드로전후서가 있을 뿐이다. 그런데 사도행전을 통해 베드로가 설교한 복음의 내용을 볼 수 있다. 이미 성령님이 강림하신 오순절에 베드로가 복음 설교를 하며(행 2:22-36) 예루살렘 교회의 첫 번째 '부흥회'를 치렀다. 이제 성전 미문 앞에서 지체장애인을 다시 걷게 하는 이적 이후에 매우 놀라며 달려 나온 백성이 모인 솔로몬의 행각에서 사도 베드로의 두 번째 복음 메시지를 들을 수 있다(행 3:12-26).

베드로의 복음 선포를 들어보자. "베드로가 이것을 보고 백성에게 말하되 이스라엘 사람들아 이 일을 왜 놀랍게 여기느냐. 우리 개인의 권능과 경건으로 이 사람을 걷게 한 것처럼 왜 우리를 주목하느냐. 아브라함과 이삭과 야곱의 하나님 곧 우리 조상의 하나님이 그의 종 예수를 영화롭게 하셨느니라. 너희가 그를 넘겨주고 빌라도가 놓아 주기로 결의한 것을 너희가 그 앞에서 거부하였으니 너희가 거룩하고 의로운 이를 거부하고 도리어 살인한 사람을 놓아주기를 구하여 생명의 주를 죽였도다. 그러나 하나님이 죽은 자 가운데서 그를 살리셨으니 우리가 이 일에 증인이라. 그 이름을 믿으므로 그 이름이 너희가 보고 아는 이 사람을 성하게 하였나니 예수로 말미암아 난 믿음이 너희 모든 사람 앞에서 이같이 완전히 낫게 하였느니라. 형제들아 너희가 알지 못하여서 그리하였으며 너희 관리들도 그리한 줄 아노라. 그러나 하나님이 모든 선지자의 입을 통하여 자기의 그리스도께서 고난받으실 일을 미리 알게 하신 것을 이와 같이 이루셨느니라. 그러므로 너희가 회개하고 돌이켜 너희 죄 없이 함을 받으라. 이같이 하면 새롭게 되는 날이 주 앞으로부터 이를 것이요. 또 주께서 너희를 위하여 예정하신 그리스도 곧 예수를 보내시리니 하나님이 영원 전부터 거룩한 선지자들의 입을 통하여 말씀하신 바 만물을 회복하실 때까지는 하늘이 마땅히 그를 받아 두리라"(행 3:12-21).

회개하라고 결정적으로 찌르는 복음

베드로가 말했다. "이스라엘 사람들아!" 단순해 보이지만 '하나님의 택함 받은 백성'이라는 뜻으로 유대인들의 명예를 높여주는 호칭이다(행 5:35). 또한 베드로는 "아브라함과 이삭과 야곱의 하나님, 곧 우리 조상의 하나님"(13절)이라고 하며 자신이 섬기는 하나님과 유대인들이 섬기는 하나님이 같은 분임을 새삼 언급했다. 베드로는 복음을 전하기 위해 전도 대상자들과 동질성을 찾았고 그 사실을 강조했다.

공감대를 찾은 베드로는 곧바로 자신과 요한을 향해 집중된 사람들의 관심을 예수 그리스도에게로 옮겼다. "하나님이 그의 종 예수를 영화롭게 하셨느니라"(13절). 지체장애인을 걷게 한 이적은 자신들이 아니라 바로 예수 그리스도께서 하신 것임을 강조했다(16절). 그러면서 다시 한번 십자가에 달려 죽고 부활하신 예수 그리스도를 분명히 전했다. 하지만 예수님 대신 살인자를 놓아주기를 구하고 생명의 주 예수님을 죽인 사람들이 바로 그들 유대인들이라고 명확하게 지적했다. 베드로는 회복된 사람과 성전을 찾은 사람들이 모여 설교의 기회를 얻었을 때 그저 만담하지 않았다. "너희가 생명의 주 예수님을 죽였다"라고 단호하게 지적했다. 복음은 예수를 믿으면 승진하고 돈도 잘 벌고 성공한다고 말하지 않는다. "바로 당신, 당신을 위해서 예수께서 십자가에 달려 죽으셨습니다. 이 예수를 믿으세요. 안 그러면 끝장입니다."

결국 사람을 살리는 하나님 나라의 축복

물론 복음의 핵심으로 송곳같이 찌르더라도 사람 살리는 의사의 메스처럼 사람을 살려야 한다. 베드로가 "형제들아"라고 친근하게 부르며 그들이 잘 알지 못했고 관리들도 모르고 그랬다고 달래기를 시도한다. 유대인들이 생명의 주 예수님을 잘 모르고 죽였는데, 하나님이 선지자들을 통해 이미 예언하신 메시아의 죽음이었다(18절). 그러면 어떻게 해야 하는가? "그러므로 너희가 회개하고 돌이켜 너희 죄 없이 함을 받으라. 이같이 하면 새롭게 되는 날이 주 앞으로부터 이를 것이요"(19절). 회개하고 돌이키면 용서의 은혜를 베풀어 주시는 예수님의 사랑을 베드로가 전했다. 그러면 새로운 인생이 펼쳐진다는 약속을 전했다.

또한 베드로는 유대인들에게 적합한 복음의 역사를 통해 하나님 나라의 축복을 선포하고 있다(20-26절). 베드로는 그들이 "선지자들의 자손"이요 "언약의 자손"(25절)이라고 말한다. 모세가 말한 "나 같은 선지자 하나"를 하나님이 세우셨고 선지자의 말을 듣지 않으면 멸망 받는다는 말씀을 신명기를 통해 전하고 있다(22-23절). 언약의 자손은 아브라함을 통해 주신 말씀을 늘 숙지하고 있다. "땅 위의 모든 족속이 너의 씨로 말미암아 복을 받으리라"(25절, 창 12:3). 이렇게 예언대로 성취된 말씀이 솔로몬의 행각에서 베드로의 설교를 듣던 사람들과 어떤 관계가 있을까? 베드로가 메시지의 결론을 이렇게 맺는다. "하나님이 그 종을 세워 복 주시려고 너희에게 먼저 보내사 너희로 하여금 돌이켜 각각 그 악함을 버리게 하셨느니라"(26절).

솔로몬 행각에서 베드로가 전한 복음을 우리도 들어야 한다. 예수 그리스도의 이름을 듣고 그 이름을 믿고 있는가? 죄를 인정하고 회개하고 주님께로 돌이켰는가? 또한 우리가 믿은 복음을 제대로 전하고 있는가?

 "하나님, 어떤 다른 사람보다 먼저 일터 동료들과 일로 인해 만나는 사람에게 복음을 전하겠습니다. 베드로가 사람들과 공감하며 복음을 전한 것처럼 일하는 사람에게 적절한 복음을 숙지하게 하소서. 새롭게 되는 날을 사람들에게 선물할 수 있도록 주님이 함께하여 주소서."

베드로와 요한이 대답하여 이르되 하나님 앞에서
너희의 말을 듣는 것이 하나님의 말씀을 듣는 것보다 옳은가 판단하라.
우리는 보고 들은 것을 말하지 아니할 수 없다 하니. 사도행전 4:19-20

PART · 2

성령 충만하여
세상과 맞서다

01 세상에서 승리하는 믿음의 용기

19세기 미국의 복음전도자 D. L. 무디가 영국에서 귀족을 비롯한 수많은 고위층 인물을 초청한 전도 집회에서 설교했을 때의 일이다. 무디는 성경 본문인 누가복음 4장 27절을 읽으려고 일어섰는데 "엘리사"라는 발음이 되지 않아 몇 번이고 더듬거릴 뿐, 끝내 제대로 읽지 못했다("또 선지자 엘리사 때에 이스라엘에 많은 나병환자가 있었으되 그 중의 한 사람도 깨끗함을 얻지 못하고 오직 수리아 사람 나아만뿐이었느니라"). 그러자 무디는 성경을 덮고 고개를 들어 위를 쳐다보며 기도했다.

"주님, 이 더듬거리는 혀를 사용하시어 이 사람들을 위해 못 박히신 그리스도를 증거하게 하소서."

그날 그 전도 집회에 모인 사람들은 그날의 설교만큼 영혼을 뒤흔드는 무디의 설교를 들어보지 못했다고 고백했다.

베드로와 요한도 성령님이 주시는 믿음의 용기로 세상을 향해 하나님의 영광을 드러냈다. "그들이 베드로와 요한이 담대하게 말함을 보고 그들을 본래 학문 없는 범인으로 알았다가 이상히 여기며 또 전에 예수와 함께 있던 줄도 알고 또 병 나은 사람이 그들과 함께 서 있는 것을 보고 비난할 말이 없는지라. 명하여 공회에서 나가라 하고 서로 의논하여 이르되 이 사람들을 어떻게 할까. 그들로 말미암아 유명한 표적 나타난 것이 예루살렘에 사는 모든 사람에게 알려졌으니 우리도 부인할 수 없는지라. 이것이 민간에 더 퍼지지 못하게 그들을 위협하여 이 후에는 이 이름으로 아무에게도 말하지 말게 하자 하고 그들을 불러 경고하여 도무지 예수의 이름으로 말하지도 말고 가르치지도 말라 하니 베드로와 요한이 대답하여 이르되 하나님 앞에서 너희의 말을 듣는 것이 하나님의 말씀을 듣는 것보다 옳은가 판단하라. 우리는 보고 들은 것을 말하지 아니할 수 없다 하니 관리들이 백성들 때문에 그들을 어떻게 처벌할지 방법을 찾지 못하고 다시 위협하여 놓아주었으니 이는 모든 사람이 그 된 일을 보고 하나님께 영광을 돌림이라"(행 4:13-21).

세상이 비난하지 못하게 행동하라

지체장애인 치유 이적 후에 복음 메시지를 전한 베드로에게 성전 맡은 자와 사두개인들이 찾아왔고 사도들은 체포되어 투옥되었다. 그런데 그날 베드로의 설교를 듣고 예수님을 믿은 사람들이 남자만 5천 명이나 되었다. 놀라운 부흥의 역사가 일어났다. 이튿날 관리와 장로와 서기관 등 유대교 당국자들이 모여 옥에 가두었던 사도들을 가운데 세우고 무슨 권세와 누구의 이름으로 그런 일을 했는지 물었다. 이때 예루살렘공회에서 성령 충만한 베드로가 또 담대하게 복음을 전했다. 장애인이 구원받은 일에 대해 질문한다면 이렇게 답한다면서 말했다. "너희가 십자가에 못 박"은 예수 그리스도는 하나님이 살리셨고 나사렛 예수 그리스도의 이름으로 장애인이 건강하게 되어 "너희 앞에 섰"다고 증거했다(10절).

평생 지체장애인이어서 일어나본 적이 없던 사람을 고치신 예수는 건축자들의 버린 돌이 집 모퉁이의 머릿돌이 되었다고 했다. 그리고 베드로가 의미심장한 말을 했다. "다른 이로써는 구원을 받을 수 없나니 천하 사람 중에 구원을 받을 만한 다른 이름을 우리에게 주신 일이 없음이라"(12절). 이렇게 담대하게 복음을 전하는 모습을 보고 당국자들은 베드로와 요한이 특별한 교육을 받지 못한 줄 알았는데 할 말을 제대로 하여 놀랐다(13절). 또한 그들은 전에 지체장애인이었던 사람이 나아서 사도들과 함께 있는 명백한 증거를 보았다(14절). 그래서 그들은 더는 사도들을 비난할 수 없었다. 그 표적으로 병 나은 사람은 사십여 세나 되었다(22절). 40년이나 걷지 못한 사람이 고침받았으니 더 이상 어떻게 할 수 없을 정도로 결정적인 증거였다.

세상의 위협은 비웃어 주라

명백한 증거를 보았기에 제자들을 더는 가두어 둘 수 없음을 안 당국자들은 그저 거듭 위협하며 놓아줄 뿐이었다(17, 21절). 유대교 당국자들은 다시는 예수를 전하지 말라고 제자들을 협박했다. 이런 상황에서 어떻게 대응해야 하는가? 예수의 이름으로 말하지도 말고 가르치지도 말라는 경고를 듣고 베드로와 요한이 말했다. "하나님 앞에서 너희의 말을 듣는 것이 하나님의 말씀을 듣는 것보다 옳은가 판단하라. 우리는 보고 들은 것을 말하지 아니할 수 없다"(19-20절). 이 말의 어조를 가만히 생각해 보니 실제로 베드로와 요한이 느꼈던 심정은 이런 의미를 담고 있었을 것 같다. "웃기고 있네! 우리가 두

눈으로 보고 들은 것을 어떻게 말 안 할 수가 있나? 너희들 같으면 그럴 수 있겠니?" 우리는 반드시 본대로 증거한다.

이렇게 분명하게 판단하고 똑똑하게 행동하는 믿음의 용기를 가진 크리스천들에게 세상은 어떤 반응을 보일까? "관리들이 백성들 때문에 그들을 어떻게 처벌할지 방법을 찾지 못하고 다시 위협하여 놓아주었으니 이는 모든 사람이 그 된 일을 보고 하나님께 영광을 돌림이라"(21절).

세상의 권세에 복종하는 것은 하나님의 명령이다(롬 13:1). 그러나 하나님의 명령과 충돌할 때 어떤 손해가 있어도 하나님의 뜻을 가장 앞에 내세울 수 있는 믿음의 용기가 필요하다. 절대로 타협할 수 없어 순교적 결단을 해야 할 때는 담대하게 용기를 낼 수 있도록 기도하며 준비해야 한다.

"세상 속으로 우리를 보내신 하나님, 세상의 비난에 자신 있고 효과적으로 대처할 수 있도록 '회복된 장애인'과 같은 명백한 증거를 마련하기 원합니다. 세상의 위협에 담대히 맞설 수 있는 믿음의 용기를 허락하여 주소서. 세상을 향해 담대할 수 있도록 주님이 도와주소서."

02

>>> 사도행전 5:1-11

거짓말이 공동체를 무너뜨린다

믿는 사람들이 물건을 서로 통용하는 일은 오순절 성령 강림 후의 예루살렘교회 공동체의 특징적인 모습 중 하나였다(행 2:43-47). 에덴동산 혹은 장차 임할 새 하늘과 새 땅에서나 있을 법한 일이 어떻게 가능했는지 그 과정과 더불어 발생한 부작용을 한 사건을 통해 알려주고 있다(행 4:32-37). 아나니아와 삽비라 부부가 땅을 판 돈의 일부를 떼 놓고는 전부라고 거짓말을 한 이유는 무엇이었다고 생각하는가? 당시에 땅 있는 사람들은 다 팔아서 헌금해야 한다는 의무가 있었던 것은 아니었다. 땅을 "네 마음대로 할 수가 없더냐?"라는 베드로의 말을 통해 확인할 수 있다.

아마도 꿩도 먹고 알도 먹으려는 탐욕 때문이었을 듯하다. 땅을 팔아 드렸다는 헌신에 대한 찬사도 받고 싶었고 돈에 대한 욕심도 포기할 수 없었다. 구브로 출신 바나바가 땅을 팔아 드리니(4:36-37) 아나니아는 일종의 라이벌 의식을 느꼈고 돈 욕심을 억누르지도 못했다. 거짓말의 이유는 추측해 보았지만 이런 거짓말이 공동체에 엄청난 악영향을 미치는 점은 명백하다.

베드로는 거짓말을 한 아나니아에게 성령을 속였다고 책망했다. "아나니아라 하는 사람이 그의 아내 삽비라와 더불어 소유를 팔아 그 값에서 얼마를 감추매 그 아내도 알더라. 얼마만 가져다가 사도들의 발 앞에 두니 베드로가 이르되 아나니아야 어찌하여 사탄이 네 마음에 가득하여 네가 성령을 속이고 땅 값 얼마를 감추었느냐. 땅이 그대로 있을 때에는 네 땅이 아니며 판 후에도 네 마음대로 할 수가 없더냐. 어찌하여 이 일을 네 마음에 두었느냐. 사람에게 거짓말한 것이 아니요 하나님께로다. 아나니아가 이 말을 듣고 엎드러져 혼이 떠나니 이 일을 듣는 사람이 다 크게 두려워하더라. 젊은 사람들이 일어나 시신을 싸서 메고 나가 장사하니라. 세 시간쯤 지나 그의 아내가 그 일어난 일을 알지 못하고 들어오니 베드로가 이르되 그 땅 판 값이 이것뿐이냐. 내게 말하라 하니 이르되 예 이것뿐이라 하더라. 베드로가 이르되 너희가 어찌 함께 꾀하여 주의 영을 시험하려 하느냐. 보라. 네 남편을 장사하고 오는 사람들의 발이 문 앞에 이르렀으니 또 너를 메어 내가리라 하니 곧 그가 베드로의 발 앞에 엎드러져 혼이 떠나는지라. 젊은 사람들이 들어와 죽은 것을 보고 메어다가 그의 남편 곁에 장사하니 온 교회와 이 일을 듣는 사람들이 다 크게 두려워하니라"(행 5:1-11).

성령을 속인 거짓말로 공동체가 무너진다

아나니아와 삽비라 부부가 한 날 죽은 일의 핵심을 한마디로 말한다면, 거짓말이 공동체를 무너뜨린 사건이다. 사도행전의 저자 누가는 바나바와 아나니아를 비교하면서 바나바의 정직한 헌신에 손을 들어준 것만이(행 4:36-37) 아니다. 아나니아의 거짓말이 얼마나 치명적인 결과를 끼쳤는가! 특히 막 형성된 예루살렘교회 공동체에 얼마나 악영향을 주었는지 더욱 강조한다. 교회 안에만 영향을 준 것이 아니라 복음 전파에도 막대한 지장을 초래했다는 우려도 솔직히 담고 있다.

물론 초대교회 공동체 안에 성령을 속이는 거짓을 제거하기 위해 강력한 징계를 내리신 하나님의 단호함과 거룩함도 보여준다. 그런데 아나니아와 삽비라 부부가 땅 판 돈을 감추었다고 하고 베드로가 추궁하며 다시 한번 말하는 것을 보면 여리고 성 전투에서 전리품을 감추었던 아간이 떠오른다(수 7:1). 실제로 구약성경을 그리스어로 번역한 70인역 성경의 여호수아 7장 1절의 '감추다' 라는 단어는 사도행전 5장 1-2절에 쓰인 '감추다' 라는 단어와 같다. 아간 사건의 교훈은 탐욕으로 인한 거짓 행동이 이스라엘 공동체를 무너뜨린 것이었다. 아나니아와 삽비라의 거짓말도 아간 사건과 비슷한 결과를 낳았다.

탐욕이 낳은 엄청난 해악

아나니아 삽비라 부부의 거짓말로 인한 죽음은 성령님이 강림하신 후에 초대교회 공동체가 엄청난 위기를 겪었다는 점도 보여준다. 한두 사람의 탐욕과 거짓말이 성령 충만하여 땅 끝까지 복음을 전하는 비전을 가지고 나아가는 교회 공동체를 무너뜨릴 수도 있다는 점을 경고한다. 사도 바울이 에베소교회에 편지하면서 하나님의 의와 진리와 거룩함으로 새 사람을 입은 성도들이 거짓말하지 말아야 한다고 강조한다. "그런즉 거짓을 버리고 각각 그 이웃과 더불어 참된 것을 말하라. 이는 우리가 서로 지체가 됨이라"(엡 4:25). 거짓말이 크리스천 공동체 구성원들의 하나 된 정체성을 허물어뜨린다는 점을 분명하게 지적하고 있다.

그러니 우리는 세상에서 일하며 살아갈 때도 하나님 나라의 대표 선수라는 점을 명심해야 한다. 우리가 거짓말하면 우리 공동체가 허물어진다. 거짓말했다면 회개해야 한다. 그래야 우리 공동체가 제대로 설 수 있다. 회개하지 않을 때 하나님이 교회 공동체를 세우시는 방법은 놀랍다. 회개의 기회를 주셨는데 그 기회마저 살리지 못하면 하나님이 죽음이라는 극단적인 처방으로 공동체의 참됨과 지체됨을 유지하신 한 사례를 우리가 확인할 수 있다. 한 날에 아나니아와 삽비라 부부가 죽었고 온 교회와 이 일을 듣는 사람들이 다 크게 두려워했다.

일터에서 거짓말을 하게 되는 경우는 탐욕 때문일 때가 많다. 정직하지 못한 개인의 인격적 결함만이 문제가 아니라 거짓말이나 거짓 행동이 일터 공동체를 무너뜨릴 수 있음을 꼭 기억해야 한다. 욕망을 억누르고 정직하게 말하고 행동하기를 연습해야 한다.

"거짓과 거리가 먼 거룩하신 성령님, 욕심 때문에 크고 작은 거짓말을 하는 저의 연약함을 용서하여 주소서. 일하며 사소하고 때로 심각한 거짓말과 거짓 행동을 하는 죄를 회개합니다. 자신뿐 아니라 공동체를 무너뜨리는 거짓의 죄를 짓지 않도록 늘 성령님이 함께하여 주소서."

03

>>> 사도행전 5:12-16

착한 일로 크리스천의 정체를 드러내라

요즘 세상이 우리 그리스도인들을 향해 이런 질문을 한다는 생각을 해본다. 연속 질문이다.

"도대체 알쏭달쏭한 당신의 정체는 무엇입니까?"

"아, 교회 다니셨어요? 저는 전혀 몰랐네요? 티 좀 내고 살지 그러셨어요?"

"그런데 당신뿐 아니라 제 주변에 있는 크리스천들은 정체가 뭔지 모르겠어요. 크리스천은 어떤 사람들입니까?"

세상의 질문에 오늘을 사는 우리는 어떤 대답을 할 수 있는가?

우리가 생각해도 답답한 이 질문의 답을 찾기 위해서 우리 선배인 초대교회 크리스천의 모습을 확인해 볼 수 있다. "사도들의 손을 통하여 민간에 표적과 기사가 많이 일어나매 믿는 사람이 다 마음을 같이하여 솔로몬 행각에 모이고 그 나머지는 감히 그들과 상종하는 사람이 없으나 백성이 칭송하더라. 믿고 주께로 나아오는 자가 더 많으니 남녀의 큰 무리더라. 심지어 병든 사람을 메고 거리에 나가 침대와 요 위에 누이고 베드로가 지날 때에 혹 그의 그림자라도 누구에게 덮일까 바라고 예루살렘 부근의 수많은 사람들도 모여 병든 사람과 더러운 귀신에게 괴로움 받는 사람을 데리고 와서 다 나음을 얻으니라"(행 5:12-16).

교회의 권위로 세우는 크리스천의 정체

오늘날 우리 교회와 크리스천들이 세상의 비난을 받는 이유 중 하나는 아나니아와 삽비라같이 탐욕적이고 거짓말하는 성도들을 치리할 영적 권위가 실종되었기 때문이기도 하다. 교회 밖 세상의 가치관을 그대로 교회에 가지고 와서 자신을 드러내려는 생각이 문제이다. 말씀으로 제대로 지적하지 못하는 교회의 리더십이 더 큰 문제이다. 탐욕으로 성령을 속인 죄에 대해 합당한 치리와 징벌을 했던 예루살렘교회는 이후에도 사도들이 표적과 기사를 많이 행하며 교회의 정체를 세워갔다. 자칫 큰 시험에 빠질 위기였지만 어려움을 이겨냈다. 믿고 예수님께로 나아오는 사람들이 많았는데 "남녀의 큰 무리"였다고 기록한다.

착한 일로 드러내는 크리스천의 정체

사도들의 이적을 보고 교회로 찾아오는 사람 중에는 병든 사람과 더러운 귀신에게 괴로움을 받는 사람들이 많이 있었다. 이들이 교회로 와서 나음을 얻었다(15-16절). 초대교회 부흥의 한 현상이었음을 확인할 수 있다. 예수님도 하나님 나라가 임했다고 선포하고 공생애 사역을 하시면서 사도들이 그랬던 것처럼 귀신 들린 사람들과 병자들을 많이 고쳐주셨다(막 1:21-34). 이 일을 통해 예수님은 하나님 나라를 미리 맛보여 주셨다. 하나님 나라는 사탄이 아니라 하나님이 다스리시고 질병과 고통이 없는 곳임을 보여주기 위해 하셨던 일이다.

초대교회도 바로 이 일을 해왔고 오늘날 교회가 할 일도 바로 이 것이다. 소외된 사람들, 복음의 능력이 필요한 사람들에게 '착한 일'을 할 수 있어야 한다. '착한 일'이란 베드로와 요한이 예루살렘공회에서 증언하면서 성전 미문에 있던 지체장애인을 낫게 한 일에 대해 사용한 표현이다(행 4:9). 세상 속 크리스천들의 정체성에 대해 생각하면서 우리는 다시금 오늘 우리 한국 교회와 크리스천들이 하나님 나라 선포를 제대로 하고 있는가 돌아봐야 한다. 지금이 바로 우리 일터에서 하나님 나라의 온전한 가치를 드러내는 착한 일을 통해 크리스천의 정체를 사람들에게 보여주어야 할 때이다.

그 청년 바보의사!

1999년쯤 고려대학교 앞에 있는 한 교회의 청년부를 섬길 때 마침 고려대학교 부속병원 내과에서 전공의 1년 차로 근무하던 한 의사를 직장사역연구소의 직장인 모임에서 만났다. 어떻게 일터에서 크리스천답게 살아가는지 이야기하면서 그 젊은 의사는 자기가 담당하는 환자들을 치료하면서 '착한 일'을 하는 자신의 방법을 소개했다. 자기가 읽어서 감동이 있었고 그 환자에게 꼭 필요하다고 생각되는 책을 선물로 준다고 했다. 때로는 좋은 찬양 테이프를 선물하기도 하는데, 지난 한 해 동안의 비용이 150만 원쯤이었다고 말했다. 주저주저하면서 그렇게 말하는데, 멋지고 괜찮은 크리스천 의사구나 싶어서 무척 반가웠다.

그런데 나중에 그 의사가 2006년에, 군의관으로 근무하다가 신증후성 출혈열(유행성 출혈열)로 서른세 살에 세상을 떠났다는 안타까운 소식을 들었다. 그가 바로 「그 청년 바보의사」(아름다운사람들 펴냄)의 주인공 안수현 형제이다. 병원 앞 구둣방의 할아버지와 병원 세탁부 아주머니가 장례식장에 와서 안수현 선생님으로부터 평소에 받았던 사랑을 말했다. 그는 젊은 날에 떠났지만 그가 했던 착한 일은 끝나지 않았다. 2010년부터 책의 인세로 마련된 '안수현 장학금'을 통해 수십 명이 그 사랑의 착한 일을 이어받고 있다.

'베드로의 그림자'(15절)로 예수님의 능력을 나타냈던 것처럼 착한 일을 우리도 실천하여 크리스천의 정체를 드러내어야 한다. 사랑과 희생이 따르지 않으면 안 됨을 기억하고 어떻게 정체성을 드러낼지 고민하고 실천할 수 있어야 한다.

"사랑의 하나님, 크리스천다움을 드러내지 못하고 오히려 세상이 악하다고 비난했던 저를 용서해 주소서. 연약한 사람들에게 하나님 나라를 보여주신 예수님과 사도들을 본받을 수 있게 인도해 주소서. 제가 할 수 있는 착한 일을 통해 일터와 세상에 예수님의 사랑을 보일 수 있게 하여 주소서."

>>> 사도행전 5:17-21, 27-29

04 사람보다 하나님께 순종하라

예루살렘교회에서 성령을 속인 아나니아와 삽비라의 죽음은 교회뿐만 아니라 그 일을 듣는 많은 사람들에게 두려움을 주었다(행 5:11). 교회에 대해 적대적이던 유대교 사람들에게는 그리스도인들을 정당하다고 인정할 수 없는 증거이기도 했다. 그런데 사도들이 표적을 일으키고 착한 일을 하여 사람들에게 유익을 주고 기쁨을 주었다(5:12-16). 그러자 다시금 유대교 사람들이 사도들을 잡아다 옥에 가두고 다시는 복음을 전하지 말라고 협박하기도 했다(5:17-32).

그런데 율법 교사로 사람들에게 존경받는 가말리엘이 사도들을 함부로 대하지 말자고 제안한다(5:33-37). 만약 가짜 메시아를 따르다 사그라진 사람들과 달리 진짜 메시아를 따르는 사람들이면 하나님을 대적하는 잘못을 저지르는 것이 아닐까 염려했다.

예수님을 따르는 사람들을 인정하지 않다가 이렇게 달라진 이유가 무엇인지 확인할 수 있다. "대제사장과 그와 함께 있는 사람 즉 사두개인의 당파가 다 마음에 시기가 가득하여 일어나서 사도들을 잡아다가 옥에 가두었더니 주의 사자가 밤에 옥문을 열고 끌고 내어 이르되 가서 성전에 서서 이 생명의 말씀을 다 백성에게 말하라 하매 그들이 듣고 새벽에 성전에 들어가서 가르치더니 대제사장과 그와 함께 있는 사람들이 와서 공회와 이스라엘 족속의 원로들을 다 모으고 사람을 옥에 보내어 사도들을 잡아오라 하니… 그들을 끌어다가 공회 앞에 세우니 대제사장이 물어 이르되 우리가 이 이름으로 사람을 가르치지 말라고 엄금하였으되 너희가 너희 가르침을 예루살렘에 가득하게 하니 이 사람의 피를 우리에게로 돌리고자 함이로다. 베드로와 사도들이 대답하여 이르되 사람보다 하나님께 순종하는 것이 마땅하니라(행 5:17-21, 27-29).

권위에 복종해야 하나 더 큰 권위가 있다

사도들이 표적을 일으키며 사람들을 고치고 인기를 얻자 유대교 당국자들의 심사가 뒤틀려 사도들을 잡아 옥에 가두었다. 그러자 주의 사자가 나타나 사도들을 옥에서 내보내 주면서 성전에서 생명의 말씀을 사람들에게 다 말하라고 했다. 탈옥하여 공권력에 불복종하는 것이니 깜짝 놀랄 만하다.

사도들의 탈옥 사건은 어떤 의미가 있을까? 권위에 복종해야 하는 것이 성경의 일반적인 가르침인데 탈옥하게 하는 것은 그 일반적인 명령보다 더욱 큰 의미가 있다. 복음을 전하다 감옥에 갇혀서 고통받고 죽는 것은 바로 순교인데 그 영광스러운 고통이나 죽음보다 더욱 중요한 일이 있다는 뜻이다. 당시 산헤드린 총회는 유대교에서 최고 권위를 가진 기관으로 권위가 대단했다. 그러나 하나님 말씀의 권위가 산헤드린 총회의 권위보다 더 크다. 하나님 나라는 산헤드린보다 더 큰 권위를 가진 곳이다. 두 권위가 충돌할 때 우리는 상위의 권위에 복종해야 한다.

그래서 옥에서 빠져나간 사도들이 성전에서 새벽 시간에 백성들을 가르쳤다. 나중에 탈옥 사건에 놀란 관계자들이 성전에 가서 본 장면을 보고할 때도 갇혔던 사도들의 모습이 참으로 놀라웠다. "보소서 옥에 가두었던 사람들이 성전에 서서 백성을 가르치더이다"(25절). 중요한 점이 있다. 사도들이 하나님의 명령에 따라 하나님의 말씀, 생명의 말씀을 전하고 있었다는 사실이다.

사람보다 하나님께 순종하는 것이 마땅하니라

상황은 달라지지 않아 그들은 사도들에게 복음을 전하지 말라고 협박했다. 그러나 베드로와 사도들은 담대했다. "사람보다 하나님께 순종하는 것이 마땅하니라." 사도들은 어떤 일이 더 중요하고 우선으로 할 일이 무엇인지 잘 알고 있었다. 다시 잡아간 유대교 사람들이 다시는 예수의 이름으로 사람들을 가르치지 말라고 했지만 사도들은 바로 그들의 입에 복음을 쏙 집어넣었다.

"너희가 나무에 달아 죽인 예수를 우리 조상의 하나님이 살리시고 이스라엘에게 회개함과 죄 사함을 주시려고 그를 오른손으로 높이사 임금과 구주로 삼으셨느니라. 우리는 이 일에 증인이요. 하나님이 자기에게 순종하는 사람들에게 주신 성령도 그러하니라"(30-32절). 결국 이런 복음의 능력이 가말리엘의 반응에서 확인할 수 있는 것처럼 예루살렘교회의 사도들과 크리스천을 바라보는 유대교인들의 안목을 바꾸었다.

일터에서 상사의 권위에 순종해야 한다. 학교에서 교사의 권위에 순종해야 한다. 국가의 권위도 크다. 그러나 최상의 권위는 아니다. 옥에서 끌어내 주시며 "성전에 서서 이 생명의 말씀을 다 백성에게 말하라"고 하신 하나님의 말씀은 다른 일반적 권위보다 더욱 중요한 특별한 권위의 말씀이었다. 사도들은 더 큰 권위의 말씀에 순종했다.

 "하나님 아버지, 예수님이 하나님 나라를 선포하며 하셨던 일과 사도들이 했던 일을 오늘 우리가 해낼 수 있도록 인도해 주소서. 삶의 소망을 잃은 사람들에게 소망을 심어주고 구원받아야 할 사람들에게 복음을 전해주어 인생의 새로운 전기를 마련하게 해주는 일에 힘쓸 수 있도록 인도해 주소서."

>>> 사도행전 5:33-42

05

합리적 지지자를
확보하고 전도하면…

사도 바울이 사람들 앞에서 자신을 변호할 때 자신이 길리기아 다소 출신이고 가말리엘의 문하에서 율법의 엄한 교훈을 받았다고 했다(행 22:3). 아직 바울(사울)은 초대교회에 등장하지 않았지만 바로 그 바울의 스승이었던 가말리엘이 등장한다. 이 사람은 예루살렘 공회에서 사도들이 전하는 사상이 만약 하나님께 났으면 하나님을 대적하는 셈이라고 설득력 있게 변호해 주었다. 유대교에서 개종해 기독교 신앙을 가지지는 않겠지만 기독교에 대한 '합리적 지지자' 였다고 할 수 있다. 이런 사람이 있다면 우리가 전도할 때에도 사람들에게 호의적인 반응을 끌어내며 효과적으로 전도할 수 있겠다는 생각이 들었다.

바울의 율법 스승 가말리엘이 복음을 어떻게 변호하는지 살펴볼 수 있다. "그들이 듣고 크게 노하여 사도들을 없이 하고자 할새 바리새인 가말리엘은 율법교사로 모든 백성에게 존경을 받는 자라. 공회 중에 일어나 명하여 사도들을 잠깐 밖에 나가게 하고 말하되 이스라엘 사람들아 너희가 이 사람들에게 대하여 어떻게 하려는지 조심하

라. 이 전에 드다가 일어나 스스로 선전하매 사람이 약 사백 명이나 따르더니 그가 죽임을 당하매 따르던 모든 사람들이 흩어져 없어졌고 그 후 호적할 때에 갈릴리의 유다가 일어나 백성을 꾀어 따르게 하다가 그도 망한즉 따르던 모든 사람들이 흩어졌느니라. 이제 내가 너희에게 말하노니 이 사람들을 상관하지 말고 버려두라. 이 사상과 이 소행이 사람으로부터 났으면 무너질 것이요. 만일 하나님께로부터 났으면 너희가 그들을 무너뜨릴 수 없겠고 도리어 하나님을 대적하는 자가 될까 하노라 하니 그들이 옳게 여겨 사도들을 불러들여 채찍질하며 예수의 이름으로 말하는 것을 금하고 놓으니 사도들은 그 이름을 위하여 능욕 받는 일에 합당한 자로 여기심을 기뻐하면서 공회 앞을 떠나니라. 그들이 날마다 성전에 있든지 집에 있든지 예수는 그리스도라고 가르치기와 전도하기를 그치지 아니하니라"(행 5:33-42).

세상과 부딪힐 수 있다

사도들이 공회와 성전에서 정당하게 복음을 증언했지만 유대교 당국자들은 크게 분노하면서 사도들을 죽이려고 했다. 오늘날에도 이런 일이 있을 수 있다. 이런 어려움을 당하더라도 하나님의 공동체는 부흥해야 한다. 예루살렘교회에는 기대하지 않은 도움의 손길이 있었다. 사두개인들이 주류를 형성하는 산헤드린 공회에서 바리새인 가말리엘이 유력한 지위를 가졌던 것은 하나님의 은혜였다. 이 사람 가말리엘이 합리적인 근거를 들어 사도들을 변호해 주었다. 과거 유다나 드다와 같은 반란 주동자들은 시간이 흐르면서 자연히 도태되었으니 그리스도를 따른다는 자들도 그냥 두면 된다는 논리였다. 만약 그들이 하나님의 뜻을 따르는 자들인데 핍박하면 그들을 무너뜨릴 수도 없고 하나님을 대적하게 된다고 말했다. 산헤드린 공회원들이 가말리엘의 이 논리에 설득되었다. 그들은 사도들을 불러 체벌한 후에 풀어주었다.

합리적 지지자를 확보하라

가만히 따지고 보면 가말리엘의 주장은 사도들과 기독교에 호의적이지는 않았다. 중립적 입장, 객관적 태도를 보이자는 주장이었다. 혹시 있을지 모르는 상황을 예상하여 후환을 대비하자는 소극적 입장의 제안이기도 했다. 그래도 만약 우리가 이런 건전하고 상식적인 판단을 하는 사람들을 만난다면 복음 전도를 할 때 큰 힘을 얻을 수 있다. 똑같은 상황은 아니지만 직장선교회(신우회)를 여러 곳 말씀으로 섬길 때 나도 경험했다. 규모가 큰 회사들의 선교회에는 고문이라는 직책이 있어서 선교회 예배 순서지에도 이름이 기록된 경우를 종종 보았다. 오랫동안 예배 설교를 해도 그분들을 만나본 적은 거의 없었다. 헌금은 하지만 그분들이 선교회 예배에 직접 참여하지는 않았다. 그런데 회사라는 조직 안에서 선교회 모임이 어려운 상황에 처하거나 도움이 필요할 때가 있었다. 그때 주로 회사의 임원으로 직책이 높은 선교회 고문들의 도움을 받는 경우가 몇 차례 있었다.

전도하기를 쉬지 아니하면…

객관적이고 합리적 판단을 하는 지지자를 얻은 사도들은 채찍질을 당하고 풀려났다. 예수의 이름으로 전도하는 것을 금지하라는 위협을 당연히 받았다. 그런데 사도들은 어떻게 했는가? 예수님의 이름으로 인해 받는 박해를 오히려 기뻐하며 공회를 떠났지만 그들은 성전에 있든지 집에 있든지 예수는 그리스도라고 가르치고 전도하는 일을 그치지 않았다(41-42절). "그 때에 제자가 더 많아졌"다(행 6:1 상). 합리적인 지지자의 도움을 받으며 계속 전도하기를 쉬지 않으면 이런 놀라운 부흥이 일어난다.

우리도 일터에서 가말리엘과 같은 중도적 입장을 가지고 기독교에 호의를 보이는 합리적 지지자를 확보할 수 있다면 전도에 유익한 도움을 얻을 수 있다. 사실은 이런 사람들도 복음을 전할 전도 대상자임은 분명하다. 이들의 도움도 받으며 복음을 전하는 일에 힘써야 한다.

"하나님 아버지, 복음에 관심 없고 또한 적대적인 자세를 가지고 배척하는 우리 일터의 동료들에게 복음을 전할 수 있도록 주님이 함께하여 주소서. 좋은 이미지를 심어주고 관계를 통해 전도하는 방법을 잘 찾아서 제자의 수가 많아진 예루살렘 교회와 같은 부흥이 일어나게 주님이 역사하여 주소서."

>>> 사도행전 6:1-7

06 문제를 파악하여
해결하는 리더십

당나라 때 송청이라는 약방 주인이 있었는데 약을 잘 짓기도 하고 어려운 사람에게 차용증만 받고 약을 지어주어 소문이 자자했다. 사람들은 그를 대단하다고 칭찬하기도 하고 비웃기도 했다. 송청은 40년 동안 불태워 버린 차용증이 수천 장이라고 했다. 후에 출세한 사람들이 많아 약값에 넘치는 보답을 해오기도 하고 반면 약값을 떼어먹고 도망친 사람도 적지 않으나 식구들이 먹고사는 데 큰 영향을 끼치진 못한다고 했다. 이 송청에 대해 쓴 사가는 약방 주인도 긴 눈으로 보고 일하는데 나라를 다스리고 학교에서 가르치는 사람들이 눈앞의 이해만을 추구하니 슬픈 일이라고 개탄했다. 어려운 사람들에게 베풀어 아픔을 함께 나누고 당장 눈앞이 아니라 멀리 바라보는 안목이 필요한 시대이다.

초대교회에도 이해관계로 인한 문제가 생겼는데 이 문제를 잘 파악하여 해결하는 멋진 리더십을 보여준다. "그때에 제자가 더 많아졌는데 헬라파 유대인들이 자기의 과부들이 매일의 구제에 빠지므로 히브리파 사람을 원망하니 열두 사도가 모든 제자를 불러 이르되 우리가 하나님의 말씀을 제쳐 놓고 접대를 일삼는 것이 마땅하지 아니하니 형제들아 너희 가운데서 성령과 지혜가 충만하여 칭찬받는 사람 일곱을 택하라. 우리가 이 일을 그들에게 맡기고 우리는 오로지 기도하는 일과 말씀 사역에 힘쓰리라 하니 온 무리가 이 말을 기뻐하여 믿음과 성령이 충만한 사람 스데반과 또 빌립과 브로고로와 니가노르와 디몬과 바메나와 유대교에 입교했던 안디옥 사람 니골라를 택하여 사도들 앞에 세우니 사도들이 기도하고 그들에게 안수하니라. 하나님의 말씀이 점점 왕성하여 예루살렘에 있는 제자의 수가 더 심히 많아지고 허다한 제사장의 무리도 이 도에 복종하니라"(행 6:1-7).

부흥하는 곳에도 문제가 생길 수 있다

예루살렘교회는 박해를 받았지만 계속 성장했다. 그런 부흥 때문인지 경제적 도움이 필요한 과부들을 도와주는 구제를 할 때 빠지는 사람들이 생겨 문제가 발생했다. 국내에 거주하며 유대교 문화권 안에 살던 히브리파 유대인들과 해외에 거주하던 헬라파 유대인들 사이에 차별로 인한 갈등이 생겼다. 헬라파 과부들이 매일 받는 구제에서 빠지는 일이 생기니 더욱 차별받는다고 느끼는 서운함이 컸을 것이다. 갈등이 생긴 것은 바람직하지 않으나 그 이유는 충분히 수긍할 수 있다. 갑작스럽게 많아진 제자들이다 보니 구제를 시행하는 과정에서 일어날 수 있는 일이었다. 다만 이런 문제를 외면하거나 미봉하지는 말아야 한다.

문제의 원인을 파악하는 리더십

이 문제의 보다 근본적인 원인까지 추적해 파악한 사도들은 사도들이 구제하는 일까지 다 감당하기는 쉽지 않은 구조적 한계를 발견했다. 업무가 확대되어 제한된 인원이 동시에 감당하기는 힘들다는 문제의 원인을 파악했다. 그래서 지금까지 해왔던 것처럼 사도들이 말씀과 구제를 다 감당할 수는 없다는 결론을 내렸다. 그렇다고 하여 사도들이 반드시 해야 할 말씀 전하고 기도하는 것을 그만둘 수는 없으니 구제 사역을 담당할 집사들을 선출하자고 제안했다. 사도들이 이렇게 제안할 수 있었던 것은 그 문제의 원인이 구조적 한계였지만 결국 자신들의 리더십 행사에 문제가 있다는 사실을 시인한 셈이었다. 이런 측면에서 사도들은 문제를 파악하고 자신들의 부족함을 인정하고 문제를 해결하려는 의지를 가진 훌륭한 리더들이었다.

위임을 통한 문제 해결

그래서 바람직한 문제 해결을 위한 방안인 위임을 시도했다. 평신도 지도자인 일곱 명의 집사들을 선출했다. 열두 사도의 이름을 우리가 기억하는 것처럼 이 일곱 집사의 이름도 기억하면 좋다. 스데반, 빌립, 브로고로, 니가노르, 디몬, 바메나, 니골라였다. 스데반과 빌립 집사는 뒤에 복음 전도도 활발하게 한 일이 기록되어 있다. 우리가 초대교회에서 생긴 갈등과 분열의 요인을 찾아 해결하는 이 일에서 반드시 짚고 넘어가야 할 부분은 이런 위임을 통해 하나님의 말씀이 점점 왕성해졌다는 점이다.

일곱 집사를 선택하여 안수하고 그들에게 구제의 일을 맡기니 예루살렘교회의 성도들이 더욱 많이 늘어났다는 점을 기억해야 한다(7절). 예루살렘교회의 리더십은 위임을 통해 더욱 공고해졌다. 문제를 인식하고 해결하려는 의지를 가진 덕분이었다. 우리의 일터에도 이렇게 갈등과 문제에 대해 바람직한 해결을 시도하는 일이 꼭 필요하다. 예루살렘교회에 있었던 구제 문제에서 발생한 갈등 해결에서 배울 수 있다.

우리의 교회 공동체나 일터의 조직에도 갈등과 문제가 있는 현실을 인정해야 한다. 그 문제를 해결하려는 의지를 가진 리더십을 발휘하는 리더들이 있어야 한다. 우리도 이런 상황일 때 올바른 선택을 결단할 수 있는 리더십을 발휘하도록 노력해야 한다.

"하나님 아버지, 갈등과 문제 자체로 인해 어려운 것이 아니라는 생각이 듭니다. 문제를 해결해 더 나은 결과를 얻을 수 있도록 마음을 여는 일이 중요함을 깨닫게 도와주소서. 문제를 인식하고 위임하여 해결을 모색하는 바람직한 리더십을 우리 일터의 리더들에게도 허락해 주소서."

)>> 사도행전 6:8-14, 7:57-60

07

주어진 것보다
더 많은 일을 하는 사람

「일 잘하는 사람 일 못하는 사람」(호리바 마사오 지음, 오늘의 책 펴냄)
이라는 책에 보니 말주변이 없고 소극적 성격인 한 젊은 회사원의 이
야기가 나온다. 그가 영업부로 발령을 받았는데 그 인사이동이 그의
일생에서 큰 전환점이 되었다. 말재주가 없어서 식은땀을 뻘뻘 흘리
면서 제품을 설명하는 그에게 소비자들이 진실성을 느끼고 호감을
보여 결국 큰 실적을 거두었다. 상사도 놀랐지만 그 사람 자신이 더
욱 놀랐다. 직장에서 일하다 보면 다른 분야의 일을 하게 되어 곤란
할 때도 있지만 오히려 자신의 잠재력을 발휘하는 좋은 기회가 되기
도 한다.

예루살렘교회의 집사로 선출되었으나 또 다른 역할을 했던 스데
반이 그런 사람이었다. "스데반이 은혜와 권능이 충만하여 큰 기사
와 표적을 민간에 행하니 이른바 자유민들 즉 구레네인, 알렉산드리
아인, 길리기아와 아시아에서 온 사람들의 회당에서 어떤 자들이 일
어나 스데반과 더불어 논쟁할새 스데반이 지혜와 성령으로 말함을
그들이 능히 당하지 못하여 사람들을 매수하여 말하게 하되 이 사람

이 모세와 하나님을 모독하는 말을 하는 것을 우리가 들었노라 하게 하고 백성과 장로와 서기관들을 충동시켜 와서 잡아가지고 공회에 이르러 거짓 증인들을 세우니 이르되 이 사람이 이 거룩한 곳과 율법을 거슬러 말하기를 마지 아니하는도다. 그의 말에 이 나사렛 예수가 이곳을 헐고 또 모세가 우리에게 전하여 준 규례를 고치겠다 함을 우리가 들었노라 하거늘… 그들이 큰 소리를 지르며 귀를 막고 일제히 그에게 달려들어 성 밖으로 내치고 돌로 칠새 증인들이 옷을 벗어 사울이라 하는 청년의 발 앞에 두니라. 그들이 돌로 스데반을 치니 스데반이 부르짖어 이르되 주 예수여 내 영혼을 받으시옵소서 하고 무릎을 꿇고 크게 불러 이르되 주여 이 죄를 그들에게 돌리지 마옵소서. 이 말을 하고 자니라"(행 6:8-14, 7:57-60).

예루살렘교회 집사의 직무를 다한 후에…

스데반이 예루살렘교회의 집사로 임명받은 후 주로 했던 일은 성도들에게 구제품을 나누어주는 일이었다. 교회에 생긴 심각한 갈등으로 인해 임명되었으니 다른 집사들과 함께 그 일을 잘 감당했을 것이다. 그런데 사도행전 기자 누가는 스데반이 했던 일이 오히려 말씀을 증거하고 이적을 행하는 일, 즉 사도가 하던 일이었다고 기록해 준다. 스데반은 집사의 직무를 다했으면서도 어쩌면 이런 사도의 직무를 더욱 잘 감당하지 않았나 생각해 본다. 틀림없이 사도들이 스데반 집사의 역량을 보고 말씀 전하는 일과 능력 행하는 일을 할 수 있도록 기꺼이 배려했을 것이다. 스데반 집사에게 성령이 주신 은사에 대해 충분한 이해가 있었을 것이라고 판단된다(고전 12:7-11, 엡 4:11-12).

예루살렘교회 대변인 역할을 하다

스데반은 일곱 집사 중에서도 리더의 역할을 했을 것으로 추정되지만 특히 은혜와 권능이 충만하여 큰 기사와 표적을 행했다(행 6:8). 그리고 디아스포라 유대인들이 모여 세운 회당에서 유대교인들과 맞서 복음을 변증하기도 했다. 마치 예루살렘교회의 공식 대변인의 역할을 하듯이 자연스럽게 하나님 나라 복음을 전하게 되었다. 스데반은 여러 지역의 회당에서 온 유대인들의 말을 논박하여 그들을 굴복시켰다. 그런데 궁지에 몰린 유대인들은 스데반 집사가 성전과 율법을 거슬러 고발하며 거짓 증인을 세워 결국 예루살렘공회에 서게 되었다. 대제사장이 고발된 내용에 대한 소명을 요구하자 스데반 집사는 구약성경을 기반으로 이스라엘의 역사를 탁월하게 정리하면서 훌륭한 설교를 했다(7:1-53).

스데반이 성전과 율법에 대해 반대했다는 사유로 고발되었다. 예수님이 성전을 무너뜨리고 모세의 규례를 고칠 것이라고 말했다는 증인들의 말을 반박해야 자칫 사형을 당할 수 있는 위험에서 벗어날 수 있었다. 스데반은 증인들의 고소 내용을 반박하기보다 오히려 들려주고 싶은 복음을 다시 한번 정리하는 변증 설교를 했다. 유대인들이 인정하는 '영광의 하나님'이 아브라함을 불러 믿음의 조상이 되게 하신 일부터 시작하여 이스라엘을 향한 언약의 역사를 정리했다. 요셉을 말하고 모세를 언급하며 광야 교회를 말한 후에 다윗에 이어 솔로몬이 성전을 지었으나 하나님은 손으로 지은 곳에 계시지 않는다는 예언을 인용하며 정곡을 찔렀다. "목이 곧고 마음과 귀에 할례를 받지 못한 사람들아 너희도 너희 조상과 같이 항상 성령을 거스르는도다"(행 7:51). 유대인들이 예수를 죽였고 율법을 받았으면서도 지키지 않았다고 선언했다. 자신에게 주어진 혐의를 정면으로 거부했다.

순교함으로 더욱 큰 역할을 감당하고…

유대인들의 마음을 찌르는 설교를 한 스데반은 결국 그들의 돌에 맞아 순교했다. 그 장면이 사울이라는 청년에게 깊은 인상을 주었다. 스데반의 처형에 증인이 되었던 사울은 교회를 핍박하는 일에 앞장섰지만 이미 스데반의 죽음을 통해서 신앙적 영향을 받았을 것이 틀림없다. 하늘이 열리고 예수님이 하나님 우편에 서신 것을 본 스데반이 자신의 영혼을 부탁하는 기도를 하는 모습을 사울이 보았다. 그리고 스데반은 "주여 이 죄를 그들에게 돌리지 마옵소서"라고 예수님이 십자가에서 하셨던 기도를 한 후 숨졌다. 스데반은 예루살렘교회 최초의 순교자였지만 주어진 일보다 더 많은 일을 하고 간 신앙의 거인이었다.

우리에게 맡겨진 일에 충실해야 한다. 하지만 거기서 만족하지 말고 하나님이 주신 소명과 은사를 잘 활용해서 할 수 있는 일을 할 수 있다면 도전해 보아도 좋다. 스데반 집사를 묵상하면서 새로운 기회가 주어지는 일을 통해 하나님의 나라를 실현하는 일에 바람직하게 쓰임 받을 수 있도록 준비할 수 있다.

"하나님 아버지, 스데반 집사와 같이 자신의 할 일보다 더 많은 일을 감당할 수 있는 믿음과 능력을 저에게도 주시기 원합니다. 스데반이 그랬던 것처럼 하나님의 은혜와 권능이 충만하여 하나님 나라를 위해 헌신할 수 있도록 인도해 주소서."

>>> 사도행전 8:1-8

08 흩어진 성도들, 복음을 전하다

승천하시는 예수님은 성령이 임하시면 제자들이 권능을 받고 예루살렘과 온 유대와 사마리아와 땅끝까지 이르러 증인이 될 것이라고 말씀하셨다(행 1:8). 그런데 예루살렘교회에 큰 박해가 있어서 사도 외에는 다 유대와 사마리아 모든 땅으로 흩어졌다(행 8:1). 이렇게 흩어진 상황에서 특히 직업인들의 선교가 확대되었다고 선교신학자 라투레트 교수는 말한다. 박해로 인해 흩어진 성도들이 구브로와 구레네 사람들에게 전도한 일에서(행 11:19-21) 알 수 있듯이 성도들이 여러 지역에서 전도했다. 그런데 당시의 복음 전파는 사도와 같은 전임사역자가 아니라 여행자나 상인, 무역인, 노예 등과 같은 평신도 직업인들을 통해 광범위하게 이루어졌다.

이후 4세기 중엽에는 동방교회의 그리스도인들이 큰 박해를 받은 후 흩어져 복음을 전했다. 그들 중에는 왕이나 귀족들의 개인 비서, 의사, 하인 등이 많았는데 초대교회의 복음 전파처럼 일하면서 영향력을 미치고 복음을 전했다는 특징이 있다.

예수님의 말씀대로 이제 복음이 예루살렘을 넘어 유대와 사마리아 땅으로 확대되었다. 누가는 사마리아에 전파되는 복음에 대해 기록한다. "사울은 그가 죽임당함을 마땅히 여기더라. 그 날에 예루살렘에 있는 교회에 큰 박해가 있어 사도 외에는 다 유대와 사마리아 모든 땅으로 흩어지니라. 경건한 사람들이 스데반을 장사하고 위하여 크게 울더라. 사울이 교회를 잔멸할새 각 집에 들어가 남녀를 끌어다가 옥에 넘기니라. 그 흩어진 사람들이 두루 다니며 복음의 말씀을 전할새 빌립이 사마리아 성에 내려가 그리스도를 백성에게 전파하니 무리가 빌립의 말도 듣고 행하는 표적도 보고 한마음으로 그가 하는 말을 따르더라. 많은 사람에게 붙었던 더러운 귀신들이 크게 소리를 지르며 나가고 또 많은 중풍병자와 못 걷는 사람이 나으니 그 성에 큰 기쁨이 있더라"(행 8:1-8).

좋은 말로 할 때 흩어지지 않으면…

예루살렘교회는 계속 부흥하고 있었다. 그러나 예수님이 예루살렘과 온 유대와 사마리아와 땅끝까지 복음을 전하라고 하신(행 1:8) 명령은 지키지 않았다. 어쩌면 여전히 유대인들이 절기 때나 안식일마다 몰려오니 아직 예루살렘에서도 복음을 다 전하지 못했다고 생각했을지도 모르겠다. 그러나 하나님의 뜻은 그들의 생각과 달랐다. 하나님은 스데반 집사의 순교와 함께 교회에 큰 핍박이 일어나게 하셨다. 그래서 사도 외에 예루살렘교회 성도들은 사방으로 흩어질 수밖에 없었다. 사울이 본격적으로 교회에 대한 박해에 앞장서니 위태로운 상황이었다. 성도들은 어쩔 수 없이 흩어져 유대와 사마리아 땅으로 갔다.

어쩌면 말로 해서 듣지 않으니 주님이 강제적 조치를 취하신 것이 틀림없어 보인다. 이렇게라도 해서 복음을 전할 수 있다면 감사한 일이 아닐 수 없다. 이런 방법을 통해서라도 라투레트 교수의 분석대로 직업인들을 통해 선교가 확대된 일은 반가운 일이 아닐 수 없다. 누가는 "그 흩어진 사람들이 두루 다니며 복음의 말씀을 전"(4절)했다고 박해의 결과와 의의를 잘 표현해 주었다.

하나님의 능력으로 복음을 전파하라

대표적인 복음 전파의 사례를 기록하는데 복음을 전하다 순교한 스데반 집사와 더불어 예루살렘교회를 섬기던 빌립 집사가 사마리아 전도를 이어갔다. 사마리아 성에 내려간 빌립 집사는 사마리아 사람들에게 복음을 전하고 또한 표적을 통해 그리스도를 전파했다. 귀신들이 쫓겨나고 중풍병자와 걷지 못하는 장애인들이 고침받는 이적이 일어났다. 사마리아 성에 큰 기쁨이 있었다고 묘사한다(8절). 빌립 집사의 사마리아 성 전도는 무엇을 보여주는가? 바로 예수님이 하나님 나라를 전하며 보여주신 모습과 비슷하다. 말씀과 축사와 이적을 통해 사마리아 땅에도 이미 임한 하나님의 나라에 관해 확인해 주었다.

놀라운 복음의 역사를 통해 오래전부터 사마리아에서 사람들을 놀라게 하던 마술사 시몬도 개종했다. 예전에는 많은 사람이 하나님의 큰 능력이 나타났다면서 마술사 시몬을 따랐다. 이제 사람들이 빌립 집사의 하나님 나라와 예수님의 이름에 대해 전도를 받아서 믿고 세례를 받았다. 시몬도 빌립을 통해 나타나는 하나님의 능력을 보고 놀랐고 사람들과 함께 세례를 받았다(행 8:9-13). 희한한 마술을 보며 하나님의 능력인 줄 잘못 알던 사람들에게 강력한 하나님 능력의 표적이 나타나니 그들이 복음의 본질을 제대로 깨닫게 되었다. 이렇게 복음이 예루살렘과 유다를 넘어 사마리아에까지 전해지고 하나님 나라가 임하는 모습을 확인할 수 있다.

땅 끝까지 복음을 전하시려는 하나님의 뜻이 방해를 받자 박해를 통해서라도 '흩어진 교회'가 되게 하셨던 하나님의 뜻을 우리도 분명하게 기억해야 한다. 오늘 우리의 교회와 크리스천 직업인들에게 주신 복음 전파의 사명을 기억하고 우리의 '사마리아'에 하나님 나라 선포와 복음 증거에 힘써야 한다.

"땅끝까지 복음 전하기를 원하시는 하나님, 먼저 가까운 일터의 동료들에게 전도하겠습니다. 주님의 뜻에 순종하여 먼 곳으로 가더라도 하나님 나라 복음을 전하게 인도해 주소서. 세상의 '마술'보다 강력한 하나님의 '표적'을 통해 하나님 나라를 보일 수 있도록 주님이 함께하여 주소서."

>>> 사도행전 8:14-25

09 성공을 위해
성령을 돈 주고 산다고?

　예루살렘에서 성령님이 임하신 후 사마리아에서도 비슷한 일이 있었다. 빌립 집사의 복음 전파 이후 예루살렘교회가 베드로와 요한을 파송했을 때 일어난 일이다. 사도들이 사마리아의 세례 받은 사람들을 위해 성령 받기를 기도하자 성령님이 임하셨다. '사마리아의 오순절'이라고 말할 수 있다. 뒷날 바울이 전도하면서 에베소의 성도들을 위해 기도했고 성령님이 임하신 일이 한 차례 더 있었다(행 19:1-7). 사마리아에서 두 사도가 기도하자 사람들이 성령을 받는 것을 보고 마술사 시몬이 돈을 내며 자기가 안수하는 사람은 성령을 받게 해달라고 졸랐다. 그러자 베드로가 시몬을 책망한 이 사건은 예루살렘교회에서 있었던 '아나니아와 삽비라' 사건의 사마리아 버전이라고 할 수 있다. 과연 베드로와 요한은 이 일을 어떻게 처리해서 복음을 전파하는 일에 방해가 되지 않게 했을까?

　사마리아의 오순절과 더불어 마술사 시몬이 성령을 돈 주고 사려고 했던 일화를 소개한다. "예루살렘에 있는 사도들이 사마리아도 하나님의 말씀을 받았다 함을 듣고 베드로와 요한을 보내매 그들이 내려가서 그들을 위하여 성령 받기를 기도하니 이는 아직 한 사람에게도 성령 내리신 일이 없고 오직 주 예수의 이름으로 세례만 받을 뿐이더라. 이에 두 사도가 그들에게 안수하매 성령을 받는지라. 시몬이 사도들의 안수로 성령 받는 것을 보고 돈을 드려 이르되 이 권능을 내게도 주어 누구든지 내가 안수하는 사람은 성령을 받게 하여 주소서 하니 베드로가 이르되 네가 하나님의 선물을 돈 주고 살 줄로 생각하였으니 네 은과 네가 함께 망할지어다. 하나님 앞에서 네 마음이 바르지 못하니 이 도에는 네가 관계도 없고 분깃 될 것도 없느니라. 그러므로 너의 이 악함을 회개하고 주께 기도하라. 혹 마음에 품은 것을 사하여 주시리라. 내가 보니 너는 악독이 가득하며 불의에 매인 바 되었도다. 시몬이 대답하여 이르되 나를 위하여 주께 기도하여 말한 것이 하나도 내게 임하지 않게 하소서 하니라. 두 사도가 주의 말씀을 증언하여 말한 후 예루살렘으로 돌아갈새 사마리아인의 여러 마을에서 복음을 전하니라"(행 8:14-25).

성령 받게 하는 사마리아 지역 특허권은 나에게…

우리는 가짜와 사이비에 대한 경험이 있다. 진짜와 똑같은 짝퉁이 있어서 구분도 쉽지 않다. 신앙 세계에도 사이비가 있다. 시몬이 하나님의 능력을 행하는 것처럼 보이는 마술로 사람들을 놀라게 했다는데(9-10절) 틀림없이 악한 영의 능력이었거나 속임수였을 것이다. 어느 날 갑자기 빌립 집사가 나타나 하나님의 말씀을 전하며 능력 베푸는 것을 보고 놀랐고 회심하여 세례를 받는 사람들을 따라 시몬도 세례를 받았다. 나중에 드러나는 시몬의 말과 행동을 보면 시몬은 세례는 받았지만 진정한 믿음을 가지고 회심하지는 못했던 것 같다. 회심한 듯 보였을 뿐이다.

그가 추구하는 바가 있었다. 사람들을 놀라게 할 수 있는 능력을 여전히 발휘하고 싶었다. 그래서 더욱 성공하기 원했다. 그런 시몬이 보니 예루살렘에서 내려온 두 사도가 안수하자 사람들이 성령을 받는 것이 너무나 부러웠다. 일종의 '프랜차이즈'라도 확보해서 빌립 집사와 사도들이 떠난 후 자신이 그 일을 하고 싶었다. 그래서 사도들에게 돈을 주며 부탁했다. 예수님을 믿어 영적 은사를 사모한 것도 아니었다. 단지 성공하고 싶은 욕심 때문에 돈을 주고라도 성령의 능력을 사려고 했다.

성령을 성공의 도구로 삼으려는 자, 망할지어다

오늘날에도 교회의 담임목사 자리나 교회의 여러 직분 혹은 교단 총회장이 되기 위해 돈을 많이 쓴다는 이야기를 종종 들을 수 있다. 사도들이 볼 때는 대단히 당황스러웠지만 시몬의 행동 자체가 이해되지 않는 것은 아니다. 시몬은 성공하고 싶었다. 돈을 많이 들여서 투자를 좀 하더라도 예전보다 더욱 큰 능력을 발휘해 성공하고 싶었다. 믿음의 사람이라는 평판도 얻고 돈도 포기하지 않은 아나니아 삽비라 부부처럼 베드로가 시몬을 당장 죽게 하지는 않았다. 주님께 회개하고 돌이키도록 권하며 다시 한번 기회를 주었다. 하지만 시몬은 자신의 죄에 대해 진정한 회개를 하지 않았다. 어떻게 하면 자신에게 화가 내리지 않을지 이기적인 욕심에만 휘둘렸다.

사마리아 성의 시몬은 정말 열성적인 신앙인처럼 보였지만 가짜였다. 자신의 성공을 추구했지만 그는 결국 인생의 진정한 성공이라고 할 수 있는 성령 충만을 받지 못했다. 예수님을 만나 회개하고 영적 변화를 얻는 것보다 이기적인 목적이 더 컸다. 진정한 주님의 제자가 되기 위해서는 우리 속에도 있는 '시몬의 탐욕'을 제거해야 한다.

예수님은 산상수훈에서 열매로 사람을 안다고 하셨다. "주여, 주여" 하면서 주의 이름으로 선지자 노릇 하며 귀신을 쫓아내고 권능을 많이 행해도 주님이 알지 못한다고 하셨다(마 7:20-23). 성공을 위해 신앙을 이용하지 말고 주님을 만나 회심하고 성령의 충만함을 받아야 한다.

"하나님 아버지, 하나님의 능력을 돈 주고 사서라도 확보해 성공하려는 시몬에게 베드로의 저주가 적절합니다. '네 은과 네가 함께 망할지어다.' 저의 속에 있는 탐욕을 물리칠 수 있게 주님이 함께하여 주소서. 헛된 성공을 추구하는 욕망에 휘둘리지 않고 성령의 충만을 받게 하여 주소서."

>>> 사도행전 8:26-28

구스에서 예루살렘까지
예배하러 오다

10

에티오피아는 한국전쟁 당시 아프리카 국가 중에서는 유일하게 참전했던 나라이다. 아프리카의 형제 나라로 많은 사람에게 기억된다. 기록을 보니 당시 에티오피아는 황제의 친위대를 포함해서 6,037명의 군대를 파견했다. 123명이 전사하고 536명이 부상당했다. 구약성경에서 '구스'라는 지명이 수십 차례 나오는데 지금의 에티오피아 지역일 것으로 본다.

에티오피아 여왕 간다게라는 언급이 사도행전 8장에 나오는데 당시 에티오피아의 왕이 태양의 아들로 숭배를 받았다. 왕은 너무나 신성해서 세상사를 맡아보지 않았고 왕의 실무는 어머니인 여왕이 맡아 보았다. '간다게'는 이름이 아니고 '왕의 어머니, 모왕후'라는 뜻의 공식 칭호이다. 간다게의 국고를 맡은 관리 내시는 우리나라 정부 편제로 말하자면 기획재정부 장관쯤에 해당된다. 이 사람이 에티오피아에서 예루살렘 성전이 있는 예루살렘까지 1,200㎞나 되는 먼 길을 찾아왔다.

사마리아 성에서 전도하던 빌립은 주의 사자가 인도하는 대로 예루살렘에서 가사로 내려가는 광야길로 떠났다. "주의 사자가 빌립에게 말하여 이르되 일어나서 남쪽으로 향하여 예루살렘에서 가사로 내려가는 길까지 가라 하니 그 길은 광야라, 일어나 가서 보니 에디오피아 사람 곧 에디오피아 여왕 간다게의 모든 국고를 맡은 관리인 내시가 예배하러 예루살렘에 왔다가 돌아가는데 수레를 타고 선지자 이사야의 글을 읽더라"(행 8:26-28).

하나님을 예배하는 열정의 사람, 에티오피아 내시

에티오피아 내시는 예배하러 예루살렘에 왔다. 이방인은 이방인의 뜰에서 성전 제사에 참여하고 하나님을 예배할 수 있었다. 그런데 보통 열정이 아니다. 수레로 가더라도 3주 이상 아마도 한 달은 걸려 예배드리러 오는 구도자였다. 그런데 당시에도 이방인의 유대교 개종이 가능했지만 이 내시는 개종자가 될 수는 없었을 듯하다. 내시였다면 거세를 했기에 할례를 받을 수 없었기 때문이다. 그런데도 에티오피아 내시는 열정을 가지고 있었다. 장기 휴가를 내고 예루살렘 예배에 참석했을까? 아니면 여왕의 명령을 받아 업무상 출장으로 예루살렘 성전에 예배를 드리러 왔을까? 어떤 경우라도 칭찬받을 만한 열정을 보여주었다.

이 열정의 사람, 에티오피아 내시가 성전 예배를 마치고 돌아가던 때의 일을 누가가 기록한다. 천사의 지시를 받고 이 사람을 찾아간 빌립 집사가 보니까 이 사람이 수레를 타고 성경 두루마리를 읽고 있었다. 소리 내어 읽고 있었다(30절). 한 랍비가 말했다. "여행할 때 동무가 없으면 율법을 연구하라. 율법은 소리를 내어 읽어야 잊지 않는다."

하나님의 말씀에 대한 뜨거운 열정을 배우자

그런데 이 사람이 어떤 성경을 읽었을까? 아마 「70인경」이라는 그리스어로 번역된 성경을 읽었을 가능성이 크다. 주전 3세기에 이집트의 알렉산드리아에서 이스라엘 한 지파 당 여섯 명씩 72명의 장로가 모여 히브리어 구약성경을 당시 공용어인 헬라어로 번역했다. 처음에는 모세오경만 번역했고 한 200년 걸려 주전 50년경에는 구약성경 서른아홉 권이 다 번역되었다. 그런데 헬라어로 된 구약성경을 내시가 어떻게 읽었을까? 당시 에티오피아의 유력한 관직을 가진 사람이라면 아마 당시 공용어였던 헬라어를 당연히 알았을 듯하다. 실제로 이 내시는 이사야서의 내용을 잘 읽어 파악했고 그 내용에 대해 질문도 하고 있다.

그런데 당시 성경 두루마리를 쉽게 구하기는 힘들었다. 이 내시가 읽은 이사야서만 해도 필사를 전문으로 하는 사람이 사흘이 걸려야 다 옮겨 적을 수 있었다. 그만큼의 인건비가 들었고 양피지는 비쌌고 당시 조금 더 저렴했던 파피루스로 된 성경 두루마리도 꽤 비싼 가격이었다. 부피도 커서 구약성경 전체 두루마리는 한 방에 가득 채워야 하고 수레로 옮겨야 할 정도였다.

이 사람은 이사야서 두루마리만을 사서 가져갔을까? 아니면 혹시 율법 전체를 사 갔을까? 여왕의 지시로 구매해서 가는 것이었을까? 혹시 성경 두루마리를 실은 수레가 또 한 대 수행원들과 함께 가고 있었을까? 우리가 상상해 볼 수 있다. 중요하고 우리가 놓치지 말아야 할 점은 이 사람이 이 정도로 율법과 하나님에 대해 열정을 가졌다는 사실이다. 하나님을 섬기는 종교 유대교에 몰입했다. 이 사람의 이 놀라운 열정에 하나님이 개입하여 준비된 사람을 보내주셨다. 내시의 열정이 결국 열매 맺게 하신다. 바로 빌립이라는 사람을 통해서 하셨다.

에티오피아 내시는 왕복 2,400km 길을 멀다 하지 않고 하나님께 예배하려는 열정을 가지고 있었다. 우리도 이 내시의 하나님을 예배하는 열정을 배워야 한다. 하나님의 말씀을 읽는 열정도 배우자. 출장길에, 출퇴근길에도 하나님의 말씀 읽기를 시도해 보자.

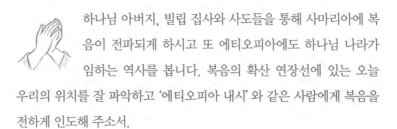 하나님 아버지, 빌립 집사와 사도들을 통해 사마리아에 복음이 전파되게 하시고 또 에티오피아에도 하나님 나라가 임하는 역사를 봅니다. 복음의 확산 연장선에 있는 오늘 우리의 위치를 잘 파악하고 '에티오피아 내시'와 같은 사람에게 복음을 전하게 인도해 주소서.

11

>>> 사도행전 8:29-36

귀국 길에 복음을 믿고 세례를 받다

솔로몬 긴스버그는 1867년에 폴란드에서 태어난 유대인이었다. 아버지가 랍비였는데 아들도 랍비가 되게 하려고 어려서부터 엄하게 율법 공부를 시켰다. 긴스버그가 10대 시절 초막절 행사에 참여한 때 이사야서 53장을 펼쳐서 읽다가 아버지에게 질문했다. "아버지, 여기서 '그'라고 하는 사람이 누구를 가리킵니까?" ("그가 찔림은 우리의 허물 때문이요, 그가 상함은 우리의 죄악 때문이라. 그가 징계를 받으므로 우리는 평화를 누리고 그가 채찍에 맞으므로 우리는 나음을 받았도다. 우리는 다 양 같아서 그릇 행하여 각기 제 길로 갔거늘 여호와께서는 우리 모두의 죄악을 그에게 담당시키셨도다"(사 53:5-6)).

아버지는 아무 말도 하지 않았다. 긴스버그가 계속 묻자 아버지가 아들이 보던 성경책을 빼앗고는 아들의 뺨을 후려쳤다. 이후 긴스버그가 영국에 살 때 안식일 오후에 길에서 만난 한 유대인이 미드웨이선교회 예배에 초청하고 싶다고 말했다. 자신이 이사야 53장으로 설교할 것이라고 했다. 어린 시절에 아버지에게 뺨을 맞은 아픈 기억이 되살아난 솔로몬 긴스버그는 예배에 참석했고 고통받는 종이 바로 하나님의 어린양으로 세상에 오신 예수님이심을 깨달았다. 유대인 솔로몬 긴스버그가 예수님을 자신의 구원주로 믿었다. 그리고 브라질에서 개신교 선교사로 복음을 전했다(박윤선 성경주석 중에서).

예루살렘 성전에서 예배하고 돌아가는 에티오피아 내시에게 어떤 일이 있었는가? "성령이 빌립더러 이르시되 이 수레로 가까이 나아가라 하시거늘 빌립이 달려가서 선지자 이사야의 글 읽는 것을 듣고 말하되 읽는 것을 깨닫느냐. 대답하되 지도해 주는 사람이 없으니 어찌 깨달을 수 있느냐 하고 빌립을 청하여 수레에 올라 같이 앉으라 하니라. 읽는 성경 구절은 이것이니 일렀으되 그가 도살자에게로 가는 양과 같이 끌려갔고 털 깎는 자 앞에 있는 어린 양이 조용함과 같이 그의 입을 열지 아니하였도다. 그가 굴욕을 당했을 때 공정한 재판도 받지 못하였으니 누가 그의 세대를 말하리요. 그의 생명이 땅에서 빼앗김이로다 하였거늘 그 내시가 빌립에게 말하되 청컨대 내가 묻노니 선지자가 이 말한 것이 누구를 가리킴이냐. 자기를 가리킴이냐. 타인을 가리킴이냐. 빌립이 입을 열어 이 글에서 시작하여 예수를 가르쳐 복음을 전하니 길 가다가 물 있는 곳에 이르러 그 내시가 말하되 보라. 물이 있으니 내가 세례를 받음에 무슨 거리낌이 있느냐"(행 8:29-36).

이 고통받는 사람은 누구를 가리킵니까?

사마리아 전도를 하던 빌립에게 하나님의 천사가 예루살렘에서 가사로 내려가는 광야로 가라고 했다. 요즘도 분쟁이 잦은 가자지구다. 수레에 접근하니 에티오피아 내시가 이사야서 한 부분을 읽고 있었다. 읽고 있는 부분을 깨닫는지 질문하자 내시는 빌립을 수레의 옆자리로 초대했다. 마침 읽고 있는 구절은 이사야 53장의 7~8절 부분이었다. "그가 도살자에게로 가는 양과 같이 끌려갔고 털 깎는 자 앞에 있는 어린 양이 조용함과 같이 그의 입을 열지 아니하였도다. 그가 굴욕을 당했을 때 공정한 재판도 받지 못하였으니 누가 그의 세대를 말하리요. 그의 생명이 땅에서 빼앗김이로다 하였거늘"(행 8:32-33)

내시가 중요하고도 좋은 질문을 했다. "누구를 가리킴이냐? 자기를 가리킴이냐? 타인을 가리킴이냐?" 이 예언에서 고통받는 사람은 일차적으로 이사야 자신을 가리킬 수 있다. 이사야 선지자가 므낫세 왕의 박해로 톱질을 당해 죽었다는 전설이 있다. 또한 뒷날에 있을 유다 왕국의 멸망으로 포로 되어 고통받는 유다 백성들에 대한 예언으로도 볼 수 있다. 그런데 이 질문에 대한 가장 적절하고 궁극적인 답은 바로 하나님의 아들 예수 그리스도를 가리킨다. 하나님의 아들로 세상에 오신 예수님은 죄가 없었지만 인류의 죄 때문에 죽임당하기 위해 십자가 형벌을 감당하셨다. 공정한 재판도 받지 않았다고 하는데, 밤에는 사형 판결을 내릴 수 없었는데 예수님을 심문하며 밤중에 사형 판결을 내렸다. 바로 예수님이 십자가에 달려 목숨을 잃게 된 모습을 잘 보여준다. 빌립 집사가 이 이사야서 말씀에서 시작해 내시에게 예수님에 대해 알려주었다. 복음을 전했다.

물이 있으니 세례를 받겠습니다

결국 성전에 왔다가 돌아가며 성경을 읽고 복음을 들은 에티오피아 내시에게 믿음이 생겨 예수님을 구원주로 믿었다. 수레가 계속 목적지를 향해 가다가 물이 있는 오아시스에 이르렀다. 내시가 자신의 믿음을 이렇게 표현했다. "물이 있으니 내가 세례를 받음에 무슨 거리낌이 있느냐?" 하나님은 내시의 마음속에 믿음을 준비하셨다. 그리고 수레 밖에서는 세례받을 수 있는 물을 예비하셨다. 믿은 후 내시는 즉각 세례를 받고 싶었다. 신앙의 세계에는 이렇게 시간이 별로 없다. 바쁜 출장길의 직장인에게는 더욱 그렇다. 마차를 세우지 않고 계속 길을 가면서 예수님을 영접했다. 그리고 물을 만나니 기회를 놓치지 않고 세례를 받았다.

세례는 결국 내시가 이사야 53장에서 고난받는 종이 누구를 가리키는지 궁금했던 점에 대한 대답을 분명히 해주었다. 그 고난 받는 사람은 바로 예수님이고. 그 예수님의 죽음과 부활이 바로 자신을 위한 일이었다는 고백을 주님의 죽음과 부활을 경험하는 세례를 통해 확인했다. 이것이 바로 믿음이다. 예수님의 구원 사건이 바로 나의 이야기가 되는 놀라운 경험이다. 내시가 이런 믿음으로 구원받고 세례를 받았다.

"믿음은 들음에서 나며 들음은 그리스도의 말씀으로 말미암았느니라"(롬 10:17). "사람이 마음으로 믿어 의에 이르고 입으로 시인하여 구원에 이르느니라"(롬 10:10). 우리도 복음을 듣고 믿어 구원받았다. 빌립 집사처럼 우리도 세상과 일터에서 '수레를 타고 귀국하는 에티오피아 내시'를 찾아 복음을 전해야 한다.

"구원하시는 하나님, '우리가 전한 것을 누가 믿었느냐?' 모든 사람이 다 복음에 순종하는 것이 아닌데 우리가 믿어 구원받게 하시니 감사합니다. 우리의 일터에서 복음에 합당한 삶을 살 수 있도록 도와주소서. '에티오피아 내시'를 찾아 복음을 전할 수 있게 인도해 주소서."

12

>>> 사도행전 8:38-40

내시는 기쁘게
인생길을 가더라

2세기에 활동했던 교부 이레니우스는 빌립의 전도를 받아 회심한 내시가 에티오피아의 최초 선교사가 되었다는 기록을 남겼다. 많은 사람이 복음을 영접하도록 감화시켰고 에티오피아의 간다게 여왕까지 예수님을 믿게 했다고 기록한다. 4세기 동방교회의 주교였던 유세비우스도 에티오피아인에게 복음을 전한 최초의 이방인이 이 내시라는 기록을 남겼다. 시편 68편에 나오는 예언의 말씀을 이루었다고도 말한다. "구스 인은 하나님을 향하여 그 손을 신속히 들리로다"(시 68:31 하). 에티오피아 내시의 회심 사건은 하나님 나라 복음이 사마리아도 넘어 땅끝으로 확대되는 일에 중요한 전환점이 되었다.

예수님을 믿어 구원받고 세례를 받은 에티오피아 내시의 이후 여정은 어떻게 전개되었을까? "이에 명하여 수레를 멈추고 빌립과 내시가 둘 다 물에 내려가 빌립이 세례를 베풀고 둘이 물에서 올라올새 주의 영이 빌립을 이끌어간지라 내시는 기쁘게 길을 가므로 그를 다시 보지 못하니라. 빌립은 아소도에 나타나 여러 성을 지나다니며 복음을 전하고 가이사랴에 이르니라"(행 8:38-40).

빌립은 자기 길로 가고 내시도 기쁘게 길을 가다

이제 에티오피아 내시가 회심하고 예수님을 믿은 이야기의 결론을 보여준다. 기쁘게 자기의 길을 계속 가는 것이다. 내시는 예수님을 믿은 후에 가던 길을 돌이켜 빌립 집사의 사마리아 전도에 동참해서 전도의 효과를 극대화하는 간증자가 되지 않았다. 내시는 가던 길을 가야 했다. 그래서 아마도 성령님이 빌립을 이끌어 가신 듯하다(39절). '이끌어 갔다'라는 표현은 '갑자기 빼앗아갔다'라는 뜻이다. 순식간에 사라진 것이다. 인사 한마디 제대로 할 수 없을 정도로 돌연 빌립은 내시 곁에서 사라졌다. 사마리아 전도에 대한 기록을 마무리하는 40절을 보니 빌립은 아소도에 나타났고 거기서부터 전도하며 가이사랴까지 갔다고 한다. 지중해 해변을 따라 북쪽으로 갈릴리 지방까지 전도하며 올라갔다. 복음 전도자 빌립 집사는 자신이 해야 할 일이 있었고 그 일을 해야 했다.

그러면 내시는 무엇을 했는가? "기쁘게 길을 갔다"고 한다. 자기가 갈 길을 갔다. 천 킬로미터도 넘게 남은 귀국길, 자신의 여정을 이어갔다. 그런데 기쁘게 갔다고 한다. 복음을 듣고 예수님을 믿은 사람의 인생에는 이렇게 기쁨이 있다. 사마리아 성 선교의 결과를 묘사하면서도 누가는 "그 성에 큰 기쁨이 있더라"(행 8:8)라고 기록한다. 빌립 집사가 사마리아 성에서 백성들에게 그리스도를 전파할 때 이런 큰 기쁨이 있었다. 예수님을 만난 사람들에게는 이런 기쁨이 있다. 묵상 앞부분에서 살펴본 대로 에티오피아 내시는 고국으로 돌아가 복음을 전해 에티오피아 사람들에게 큰 기쁨, 진정한 기쁨을 가져다주었다.

영적 기쁨을 얻은 내시는 자기 일을 어떻게 했을까?

또 한 가지, 이 내시가 기쁘게 인생길을 간 이유를 상상해 볼 수 있다. 에티오피아 내시가 고국으로 돌아가서 나라의 국고를 책임지는 자기 일을 그만두었을까? 두 달이 넘는 장기 휴가로, 돌아가 보니 책상이 빠져 있었을까? 이 내시는 누가복음에서 누가가 기록한 삭개오와 비슷했을 것 같다는 생각을 해본다. 삭개오는 예수님을 만나 구원받은 후에 계속 세리장으로 일했다. 에티오피아 내시도 고국으로 돌아가 계속 국고를 맡은 자기 일을 했다. 그래서 예수님의 일하는 제자가 되었다. 그런데 이 사람이 하는 일의 자세가 달라졌다. 나라의 살림을 책임지는 국고를 맡은 일을 왕족이 아닌 누군가에게 맡긴다면 가장 신임하는 사람에게 맡길 것이다. 그 자리에 오르기까지 이 내시가 겪었을 고초를 생각해 보라. 내시는 그 권력과 부를 향해 부나비처럼 뛰어들었다. 돈과 권력을 위해 또 다른 욕망인 성욕을 포기할 정도였다. 그렇게 남성성을 포기하고 그 지위에 올랐지만 인생에서 기쁨을 못 느꼈다.

그래서 어디선가 접한 유대교와 율법에 호기심을 가졌다. 유대교의 절기에 예루살렘 순례의 길을 떠나기로 결심했다. 그런데 이 사람이 기껏 멀리 와서 유대교의 절기에 참여하고 예배했지만 그것을 통해서 참된 기쁨을 얻지 못했을 가능성이 크다. 당시 예루살렘 성전에서 드리는 제사가 어땠을지 상상할 수 있다. 예수님이 두 번이나 친히 채찍을 드시고 성전을 뒤엎으셨다. 제물을 가지고 제사장들과 결탁해서 폭리를 취하는 장사치들을 쫓아내셨다. 그런 분위기가 지속되고 있었으니 내시가 성전에서 어떤 영적 충족감을 얻을 수 있었겠는가?

그런데 이제 내시는 예수님을 만나고 나니 인생의 진정한 기쁨을 느끼게 되었다. 구원받아서 얻은 중요한 기쁨 한 가지는 자기가 하던 일의 의미를 깨닫는 것이었다. 같은 일을 하는데 그 일을 주님께 하듯이 해야 함을 알았다. 에티오피아 내시는 그렇게 자기 일을 하는 자세가 달라졌을 거라고 생각한다. 이것이 기쁘게 가는 인생길이다. 일에서 기쁨을 발견하지 못하면 인생길에서 즐거움을 느끼기가 쉽지 않다. 특히 직업인들에게는 그렇다. 일하는 당신도 일터에서 기쁘게 인생길을 가고 있는가?

예배하러 먼 길 예루살렘 성전에 왔다가 복음을 듣고 예수님을 믿어 구원받은 에티오피아 내시가 기쁘게 그의 인생길을 갔다. 구원받은 우리도 기쁜 인생길을 가는 삶을 살아야 한다. 구원의 은혜와 기쁨이 넘치는 삶을 일터에서 살아가기 위해 노력해야 한다.

 "기쁜 인생길을 가게 하시는 하나님, 제가 듣고 믿은 복음을 우리 일터의 사람들에게 전하여 기쁨이 충만하게 할 수 있기 원합니다. 일의 의미를 발견해 기쁘게 일할 수 있도록 인도하여 주소서. 구원받은 사람으로서 주님께 하듯이 일할 수 있도록 함께 하여 주소서."

그들이 대답하되 백부장 고넬료는 의인이요 하나님을 경외하는 사람이라.
유대 온 족속이 칭찬하더니 그가 거룩한 천사의 지시를 받아
당신을 그 집으로 청하여 말을 들으려 하느니라 한대. 사도행전 10:22

PART 3

이방인에게도
성령을
부어 주시다

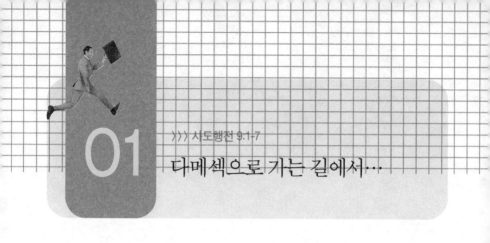

01

다메섹으로 가는 길에서…

구세군의 창설자인 윌리엄 부드 대장이 은퇴하던 날, 4천 명이 넘는 런던 시민이 그의 은퇴식을 보기 위해 몰려들었다. 당시 부드 대장은 눈앞의 사물을 구분할 수 없을 만큼 시력이 약해져 있었다. 사람들의 부축을 받으면서 강단에 올라선 그는 말없이 군중을 바라보았다.

"모인 사람들에게 메시지를 전하실 수 있습니까?"

걱정스러운 어조로 묻자, 부드 대장은 하늘을 향해 팔을 올리며 말했다.

"아직도 저 군중들에게 내가 할 일이 있습니다. 주님께서 맡겨주신 일이 아직도 많으니 이제부터 일할 때입니다."

윌리엄 부드는 하나님이 주신 복음 전파의 사명감으로 평생 하나님께 헌신한 사람이었다.

사도행전에 등장하는 복음 전파의 귀한 사명자 한 사람을 만날 수 있다. "사울이 주의 제자들에 대하여 여전히 위협과 살기가 등등하여 대제사장에게 가서 다메섹 여러 회당에 가져갈 공문을 청하니 이는 만일 그 도를 따르는 사람을 만나면 남녀를 막론하고 결박하여 예루살렘으로 잡아 오려 함이라. 사울이 길을 가다가 다메섹에 가까이 이르더니 홀연히 하늘로부터 빛이 그를 둘러 비추는지라. 땅에 엎드러져 들으매 소리가 있어 이르시되 사울아 사울아 네가 어찌하여 나를 박해하느냐 하시거늘 대답하되 주여 누구시니이까. 이르시되 나는 네가 박해하는 예수라. 너는 일어나 시내로 들어가라. 네가 행할 것을 네게 이를 자가 있느니라 하시니 같이 가던 사람들은 소리만 듣고 아무도 보지 못하여 말을 못 하고 서 있더라"(행 9:1-7).

그리스도인을 체포하기 위하여

사울은 유대교의 여러 종파 중에서도 바리새파였는데 바리새파는 보수파로 율법을 귀하게 여기고 경건한 삶을 사는 사람들이었다. 예수님께 책망을 많이 들었지만 구약의 율법 중심 전통을 잘 전해준 사람들이기도 했다. 유일신 하나님을 향한 열심과 확신에 찬 사울은 예수와 그 추종자들을 용납할 수 없었다. 스데반 집사를 돌로 쳐서 죽이는 사형 집행에도 증인으로 참여했다. 그는 처형을 직접 할 수 있는 권한은 없었다. 하지만 유대교 교리를 앞세워 '행동대'로 앞장서며 기독교인들을 집요하게 박해했다. 다메섹으로 가려던 이유도 예루살렘에서 시작된 박해로 사방으로 흩어진 유대인들의 주된 근거지를 휘저어서 그리스도인들을 체포하기 위함이었다.

다메섹으로 가는 길에서

예루살렘에서 시리아의 수도인 다메섹까지는 210㎞쯤 된다. 한번 생각해 보라. 며칠, 길게 잡으면 일주일은 걸리는 여행길에 사울은 뭘 했을까? 사울은 어린 시절부터 경건한 유대인이었고 날마다 기도하고 말씀을 묵상했다. 성경 연구에 평생을 헌신한 사람이었다. 바리새파 중에서도 율법에 깊고도 철저하게 헌신하는 엄격한 바리새인이었다. 그 여행길의 시간을 어떻게 활용했을지, 신학자 톰 라이트의 글을 통해 상상해 본다.

아마도 사울은 여행길에 기도했을 것이다. 유대인들은 대부분 쉐마 말씀을 반복하는 기도를 한다. "이스라엘아 들으라. 우리 하나님 여호와는 오직 유일한 여호와이시니"(신 6:4). 이런 기도와 더불어 유명한 유대교의 명상법이 있다. 에스겔 1장의 환상을 머릿속에 이미지로 그리면서 기도하는 것이다. 바퀴가 돌아가고 불이 번쩍거리는 거대한 전차와 같은 모습을 본다. 에스겔은 먼저 전차를 움직이는, 얼굴이 넷인 천사들에 관해 설명한다. 그들이 사방으로 다니면서 불빛을 뿜어낸다. 전차의 바퀴는 빙빙 도는데 번쩍번쩍한다. 그 바퀴의 둘레에는 눈이 가득하다. 윗부분에는 반구형 지붕이 있다. 사방으로 무지개가 그 위에 있고 보석으로 만든 보좌가 있다(겔 1:26-28).

사울은 예수님을 만났다

마음의 눈으로 사울은, 천사를 응시하고 전차 바퀴에서 시선을 돌려 전차를 보았다. 거기서 하나님을 볼 수 있기를 바랐다. 그런데 거기서 얼굴을 봤는데 그 얼굴은 나사렛 예수의 얼굴이었다. 사울이 나사렛 예수의 얼굴을 직접 뵈었다. 이것은 그야말로 획기적 사건이었다. 나중에 사울은 우리 주 예수를 뵈었다고 말한다(고전 9:1). 예수의 얼굴에 나타난 하나님의 영광에 대해서도 말한다(고후 4:6). 시간은 정오 무렵으로(행 22:6) 햇빛이 찬란할 때였는데 햇빛보다 더 밝은 빛을 보았다. 마치 천국에서 보는 바로 그 빛을 보는 듯했다. 이 빛은 곧 하나님, 예수 그리스도를 가리킨다. 천국에는 햇빛이 쓸데없다고 한다. 하나님이 빛이 되시니까 말이다(계 22:5).

사울은 한 번도 경험하지 못한 빛 속에서 한 음성을 들었다.

"사울아, 사울아, 네가 어찌하여 나를 박해하느냐?"

"주여, 누구시니이까?"

"나는 네가 박해하는 예수라."

사울이 다메섹으로 가던 길은 하나님이 전적으로 주관하여 사울을 사로잡고 그를 불러 구원한 소명의 길이었다(톰 라이트, 「모든 사람을 위한 사도행전 Ⅰ」, IVP 펴냄, 198-204).

사울에게 하신 "네가 어찌하여 나를 박해하느냐?"(4절)라는 말씀 속에서 고통받던 성도들과 함께하시는 예수님을 발견할 수 있다. 사울은 성도들을 박해했지 예수님을 박해한 것은 아니었는데 예수님은 자신이 박해받는다고 말씀하셨다. 우리가 고통받을 때 주님이 함께하심을 꼭 기억해야 한다.

 "하나님 아버지, 교회를 박해하던 사울이 예수님을 만나 땅끝까지 복음을 전하기 위한 택한 그릇으로 부름을 받았습니다. 우리도 부르셔서 세상에 복음을 전하는 사명을 주셨음을 기억합니다. 주님의 부르심에 합당한 능력과 믿음도 허락하여 주소서."

>>> 사도행전 9:8-12

보라, 사울이 기도하고 있다

다메섹으로 오는 도중에 사울이 주님을 만났을 때, 하늘에서 들리는 소리는 일행도 함께 들었지만 빛은 사울만 봤다. 이후 사울은 아무것도 볼 수 없었다. 사흘간 먹고 마시지 않으면서 사울이 뭘 했을까? 예수님이 다메섹에 사는 제자 아나니아에게 직가 거리에 있는 유다의 집에 있는 다소 사람 사울을 찾아가라고 하셨다.

그리고 예수님이 말씀하셨다.

"그가 기도하는 중이니라."

그런데 그리스어 성경은 조금 더 강하게 표현하고 있다.

"보라. 왜냐하면 그가 기도하고 있기 때문이다."

감탄하시는 예수님을 느낄 수 있다.

사울은 과연 어떤 기도를 하고 있었을지 상상해 보자. "사울이 땅에서 일어나 눈은 떴으나 아무것도 보지 못하고 사람의 손에 끌려 다메섹으로 들어가서 사흘 동안 보지 못하고 먹지도 마시지도 아니하니라. 그때에 다메섹에 아나니아라 하는 제자가 있더니 주께서 환상 중에 불러 이르시되 아나니아야 하시거늘 대답하되 주여 내가 여기

있나이다 하니 주께서 이르시되 일어나 직가라 하는 거리로 가서 유다의 집에서 다소 사람 사울이라 하는 사람을 찾으라. 그가 기도하는 중이니라. 그가 아나니아라 하는 사람이 들어와서 자기에게 안수하여 다시 보게 하는 것을 보았느니라 하시거늘"(행 9:8-12).

사울의 기도가 달라졌다

다메섹 직가 거리에 있던 유다의 집에서 앞을 못 보고 금식하던 사울은 기본적으로 늘 하던 기도를 했을 것이다. "이스라엘아 들으라. 우리 하나님 여호와는 오직 유일한 여호와이시니"(신 6:4)라는, 살아오면서 수천수만 번 했던 기도이다. 시편과 예언서를 여러 차례 읽어 입에서 줄줄 나올 정도이고 천지창조와 출애굽의 위대한 역사 이야기를 숙지하고 있던 사울은 그 내용을 가지고 사흘 동안 기도하고 또 기도했다.

그런데 기도하며 사울은 내적 혼란을 겪었을 것이다. 하나님이 추구하신 이스라엘의 목적이 예수님 안에서 이루어졌음을 사울이 직접 보았다. 다메섹으로 오던 중 빛 가운데서 사울에게 나타나신 예수님은 바로 하나님의 아들로 세상에 오신 메시아가 틀림없다는 뜻이다. 하나님 여호와는 오직 '유일한 여호와'시라고 알아 왔는데, 예수님도 역시 하나님이시란 말이다. 그러니 이제 뭔가 기도가 달라져야 하니 혼란스러웠다.

그 기도가 바로 고린도전서 8장 6절에 반영되어 있다고 볼 수 있다. 우상의 제물 문제로 인해 형제 사랑을 강조하는 문맥에서 바울은 이렇게 말한다. "그러나 우리에게는 한 하나님 곧 아버지가 계시니 만물이 그에게서 났고 우리도 그를 위하여 있고 또한 한 주 예수 그리스도께서 계시니 만물이 그로 말미암고 우리도 그로 말미암아 있느니라." 만물을 창조하신 성부 하나님처럼 성자 예수님도 만물의 창조자라고 말한다. 예수님도 바로 하나님이심을, 예수님을 만나본 사울이 깨달았다.

기도를 통해 사명을 깨닫다

금식기도 경험이 있으면 느끼지만, 먹지도 마시지도 않고 보내는 첫 사흘의 시간은 꽤 길다. 더구나 사울은 암흑 속에서 시간을 보내야 했다. 사울은 그 사흘간 기도하며 기도의 본질에 접근했다. 기도는 내가 필요한 것을 하나님께 통보하는 청구서가 아니다. 하나님의 자녀로, 하나님의 사람으로 사는 삶의 참된 평안을 체험하는 시간이다. 영원한 가치와 의미를 확인하는 시간이기도 하다. 사울이 했던 사흘간의 기도는 그렇게 인생의 큰 변화를 가져왔다. 과거 바리새인이었던 사울은 시간 맞추어 성전을 찾아가서 기도드리는 일로 평가받았다. 이제 사흘간 암흑을 느끼며 금식하고 기도하면서 사울은 진정한 기도를 체험했다.

사울은 자신의 시력이 회복될 것을 기도 중에 보았다(12절). 그의 삶이 새로워질 것이다. 사울은 이방인과 임금들과 이스라엘 자손들에게 예수님의 이름을 전하기 위해 택한 하나님의 그릇이라는 말씀을 들었다. 또한 예수 그리스도의 이름을 위해 고난을 받아야 할 사람이라고 했다(15-16절). 존재가 달라진 새로운 자신의 앞날을 사울은 기도하며 보았다. 이렇게 사울이 하나님의 부름을 받아 새로운 사명으로 충만했다. 그가 했던 기도를 통해 깨달았다.

십자가에 달리신 예수님은 못 보았던 사울이, 빛 가운데 직접 나타나신 예수님을 만나 인생의 큰 전환점을 맞았다. 기도를 통해 예수님이 하나님이심을 깨닫고 자신의 사명도 알게 되었다. 주님을 만난 우리도 주님께 기도하며 예수님이 인도하시는 인생의 길을 걸어 나가야 한다.

 "하나님 아버지, 사울이 경험했던 주님 만난 체험이 우리의 경험이 되기 원합니다. 살아온 인생을 돌아보고 예수님을 바라보며 주신 사명을 생각하며 살아가게 하옵소서. 사울에게 함께하셨던 주님이 우리의 인생도 인도해 주소서."

03

>>> 사도행전 9:13-22

형제 사울,
예수를 그리스도라 증언하다

1901년에 발행된 〈그리스도인 신문〉에 보면 당시 부녀자들이 교회에서 성경을 보면서 한글을 깨친 기사를 쓰면서 '자매(姉妹)'라고 부르고 있다. '자매들이'라는 표현이 여러 차례 나온다. 1901년에 이미 교회 안에서 '자매' 혹은 '형제'라는 호칭이 사용되었다는 사실을 보여준다. 그런데 '형제'나 '자매'라는 단어들은 3인칭인데, 2인칭 호칭으로 부르는 것이 어색하다고 느낄 수도 있다. 영어에서는 가능하지만 우리말 문법으로는 틀렸다고 주장하기도 한다. 그럴지도 모르지만 문법적 적합성 여부보다 그리스도가 머리 되신 교회 안의 공동체성을 강조하는 아름다운 전통이라는 생각이 든다.

하나님을 아버지로 모신 자녀들이 '형제여, 자매여!'라고 부르는 아름다운 공동체의 미덕을 다메섹의 제자 아나니아가 보여준다. "아나니아가 대답하되 주여 이 사람에 대하여 내가 여러 사람에게 듣사온즉 그가 예루살렘에서 주의 성도에게 적지 않은 해를 끼쳤다 하더니 여기서도 주의 이름을 부르는 모든 사람을 결박할 권한을 대제사장들에게서 받았나이다 하거늘 주께서 이르시되 가라. 이 사람은 내 이름을 이방인과 임금들과 이스라엘 자손들에게 전하기 위하여 택한 나의 그릇이라. 그가 내 이름을 위하여 얼마나 고난을 받아야 할 것을 내가 그에게 보이리라 하시니 아나니아가 떠나 그 집에 들어가서 그에게 안수하여 이르되 형제 사울아 주 곧 네가 오는 길에서 나타나셨던 예수께서 나를 보내어 너로 다시 보게 하시고 성령으로 충만하게 하신다 하니 즉시 사울의 눈에서 비늘 같은 것이 벗어져 다시 보게 된지라. 일어나 세례를 받고 음식을 먹으매 강건하여지니라. 사울이 다메섹에 있는 제자들과 함께 며칠 있을새 즉시로 각 회당에서 예수가 하나님의 아들이심을 전파하니 듣는 사람이 다 놀라 말하되 이 사람이 예루살렘에서 이 이름을 부르는 사람을 멸하려던 자가 아니냐. 여기 온 것도 그들을 결박하여 대제사장들에게 끌어가고자 함이 아니냐 하더라. 사울은 힘을 더 얻어 예수를 그리스도라 증언하여 다메섹에 사는 유대인들을 당혹하게 하니라"(행 9:13-22).

"형제 사울아, 예수께서 성령으로 충만하게 하신다!"

다메섹에 살던, 예수님을 따르던 사람들은 두려워 떨고 있었다. 스데반의 죽음과 더불어 사울의 박해가 그들에게 향하는 것을 알았기 때문이다. 아나니아도 그런 다메섹의 제자 중 한 사람이었다. 주님이 환상 가운데 아나니아에게 사울에 대해 말씀하셨다. 주님이 사울에 대해서 말씀하실 때 아나니아는 당연히 사울을 두려워했다. 그런데 주님의 이름을 이방과 이스라엘에 전하기 위해 택한 그릇이라고 예수님이 말씀하셨다(15-16절). 사울이 주님의 이름을 위해 고난받을 것이라는 주님의 말씀을 듣고 아나니아가 수긍했다.

그리고 사울을 찾아가서 그의 머리에 안수하며 했던 첫마디가 바로 "형제 사울아!"였다. 사울은 이 말에 큰 충격을 받았다. 어떻게 자신과 같은 박해자에게 "형제"라고 말할 수 있는지 의아했다. 이 말이 사울에게 얼마나 인상적이었는지, 나중에 사울은 자신의 회심 사건을 회고하는 장면에서 아나니아의 첫 마디 "형제 사울아!"를 빠뜨리지 않고 이야기한다(행 22:13). 잡아서 감옥에 가두고 심지어 죽이기까지 하던 자신을 용납하며 "형제"라고 불러준 아나니아를 사울은 평생 잊지 못했다. 이 형제 사랑이 얼마나 중요한지 깨달은 바울은 이후에 음식 문제로 인해 생긴 갈등을 해소하기 위해 자신은 평생 고기를 먹지 않더라도 형제를 실족하지 않게 하겠다고 강조한다(고전 8:13).

"하나님의 아들 예수는 그리스도시라!"

이렇게 교회 공동체의 구성원이 된 사울이 다메섹에서 형제인 제자들과 며칠 있으면서 바로 회당에서 복음을 전했다. 사울의 메시지를 두 문장이 요약해 준다. "예수가 하나님의 아들이시다." "예수는 그리스도이시다." 이 고백은 사울이 유다의 집에서 사흘간 금식기도를 하면서 깨달은 사실이다. 예수님은 하나님의 아들, 즉 하나님이신 분이다. 시편 말씀에 "너는 내 아들이라. 오늘 내가 너를 낳았도다"(시 2:7 하)라고 선언하신 말씀이 가리키는 '아들'이 바로 예수님이심을 사울은 깨달았다. 또한 예수님은 인류를 구원하기 위해 오신 분으로 구약에 예언된 기름 부음 받은 왕이시다. 유대인들은 메시아가 누구일지 궁금하고 어떤 다른 생각을 할지 모르지만 사울은 오실 메시아가 바로 예수님이시라고 담대하게 증언했다.

물론 며칠 전까지 가지고 있던 생각과 전혀 달라진 사울의 복음 전파를 접한 사람들은 당연히 놀랐다. 며칠 지나고 나자 유대인들이 사울을 죽이려고 공모하고 밤낮으로 성문까지 지켰다. 제자들이 밤에 사울을 광주리에 담아 성벽에서 달아내려 피신시켜야 했다(23-25절). 이렇게 사울이 다메섹에서 이미 복음을 전하는 자신의 사명을 실천했다.

그리스도인들을 박해하던 사울을 형제라고 부르기 쉽지 않은 상황에서도 아나니아는 주님의 말씀에 수긍했다. 하나님의 나라가 임하게 하기 위한 복음 전파를 위해 택한 그릇인 사울을 기꺼이 용납했다. 우리도 믿음 안에서 형제와 자매에 대한 사랑을 실천하기 위해 노력해야 한다.

"하나님 아버지, 박해하던 예수님을 만난 사울이 예수님의 복음을 전했고 그러다가 사울 자신이 박해를 받았습니다. 사울이 받았던 사명을 오늘 일터에서 실천해야 할 우리의 사명을 기억하고 예수님이 그리스도라고 선포할 수 있도록 인도해 주소서."

>>> 사도행전 9:26-31

04

사람을 섬기고
세워주는 착한 사람

사람의 성품을 나타내는 미덕 중에 '온유함'이 있다. 성령의 아홉 가지 열매 중에도 들어 있다. 그런데 고대 사회에서는 이 온유함을 미덕으로 여기지 않았다. 특히 힘을 숭상하던 고대 로마인들은 온유함을 경멸했다. 겸손함, 섬기는 자세라고 표현할 수 있는 이 '온유'의 미덕은 그러나 약함이나 소극적인 성품이 아니다. 적극적이고 강한 미덕이다. 사도행전은 온유함의 모델로 바나바를 소개한다. 이 사람은 특별하게 헌신하는 사람으로 묘사되고 있다. 바나바는 레위 지파 출신으로 지중해의 섬 구브로에서 태어나 외국 출생이었다. 본명은 요셉인데 '위로의 아들'이라는 뜻의 별명 바나바로 불렸다. 자기 재산을 팔아서 바치고는 선교사의 길을 걸었다.

어떻게 바나바가 온유함을 보여주었는지, 사울의 등장과 연관하여 소개한다. "사울이 예루살렘에 가서 제자들을 사귀고자 하나 다 두려워하여 그가 제자 됨을 믿지 아니하니 바나바가 데리고 사도들에게 가서 그가 길에서 어떻게 주를 보았는지와 주께서 그에게 말씀하신 일과 다메섹에서 그가 어떻게 예수의 이름으로 담대히 말하였는지를 전하니라 사울이 제자들과 함께 있어 예루살렘에 출입하며 또 주 예수의 이름으로 담대히 말하고 헬라파 유대인들과 함께 말하며 변론하니 그 사람들이 죽이려고 힘쓰거늘 형제들이 알고 가이사랴로 데리고 내려가서 다소로 보내니라. 그리하여 온 유대와 갈릴리와 사마리아 교회가 평안하여 든든히 서 가고 주를 경외함과 성령의 위로로 진행하여 수가 더 많아지니라"(행 9:26-31).

사람을 세워주는 일의 중요성

일하는 사람들의 업무 스타일을 단순하게 구분해 본다면 '사람 중심'과 '일 중심'으로 나눌 수 있다. 사람 중심이라고 평가받는 바나바의 신앙과 인격에 대해서 누가는 나중에 "착한 사람이고 성령과 믿음이 충만한 사람"이라고 묘사한다(행 11:24). 성령과 믿음이 충만하다는 것은 바나바가 새로운 이방인들의 교회가 세워진 안디옥에 파송된 목회자였던 것을 생각하면 쉽게 이해가 된다. 그는 예루살렘 교회의 영향력 있는 지도자였다. 그러면 '착한 사람'이란 어떤 모습이었을까? 바나바가 자신의 밭을 팔아 헌금한 일을(행 4:36-37) 참고한다면, 착하다는 표현은 가진 것을 아끼지 않고 형제들에게 나누어주는 모습을 떠올리면 그리 어렵지 않게 이해할 수 있다.

이런 성품과 능력을 갖춘 바나바의 헌신으로 뒷날 안디옥교회가 크게 부흥했다. 일 중심 스타일의 리더십만 성과를 내는 것은 아님을 알 수 있다. 흔히 '카리스마'라고 표현하는 강력한 성과 지향 리더십이 틀림없이 있다. 그런데 성장과 성과가 반드시 일 중심 리더들의 전유물만은 아니다. 일터에서도 착한 성품, 온유함으로 멋진 성과를 낼 수 있다는 가능성을 바나바를 통해 확인할 수 있다.

회심한 사울을 믿고 소개해 준 바나바

사울은 다메섹에서 기독교를 박해하다가 정반대 방향으로 열정을 보이면서 복음 전도자로 돌변했다. 그렇게 극적으로 회심한 사울을 향한 미심쩍은 눈초리는 예루살렘교회 사람들도 예외가 아니었다. 사울이 회심하고 예수님의 제자가 되었다는 사실을 잘 믿지 못했다. 그때 바나바가 나서서 일종의 '신원 보증'을 해주었다. 사울이 다메섹으로 박해를 위해 가던 중 예수님을 만나게 된 일과 주님이 사울에게 주신 하나님 나라 전파의 사명에 관한 이야기를 바나바가 확인해 주었다. 이방인을 향한 복음 전파라는, 땅끝까지 복음을 전해야 하는 교회의 사명을 감당할 사람이라고 낱낱이 다 설명했다. 실제로 사울은 다메섹에서 담대하게 예수님이 하나님의 아들이고 그리스도라고 선포하며 전도했다고 소개하면서 제자 공동체에 뿌리를 내릴 수 있도록 바나바가 도와주었다.

그러나 바나바의 뜻대로 상황이 전개되지는 않았다. 예루살렘에서도 제자들과 함께 주 예수의 이름으로 복음을 전했던 사울은 헬라파 유대인들과 변론하면서 그들의 미움을 받았고 살해 위협을 받기도 했다. 다메섹에서 겪었던 어려움을 동일하게 예루살렘에서도 겪어야 했다. 제자들은 사울을 가이사랴로 데리고 가서 뱃길을 통해 사울의 고향인 길리기아 다소로 보냈다. 갑작스럽고 혼란을 주기도 했던 사울의 등장은 일단 이렇게 마무리되었다. 그랬더니 유대와 갈릴리, 사마리아 교회 즉 이스라엘 전 지역에 흩어진 교회들이 평안하고 든든히 서가면서 성도들의 수가 많아졌다(31절). 사울의 등장 과정에 사울을 섬기고 잘 세워주며 인도한 바나바의 멋진 모습은 당장 열매는 없어 보였지만 매우 인상적이다.

일하다 보면 일 그 자체에 집중해야 하는 상황이 자주 생긴다. 그래서 오히려 사람은 걸리적거리고 치이는 경우가 많다. 의도적으로 사람에게 초점을 맞추고 사람에게 우선순위를 두면서 일하도록 노력해야 한다. 바나바의 사람을 세우는 멋진 성품을 배울 수 있도록 노력하자.

"하나님 아버지, 예루살렘교회 역시 사람들의 모임인지라 사울이 사역하기가 쉽지 않은 형편이 있었습니다. 그 가운데 형제를 중요하게 여기며 하나님 나라 공동체를 세우기 위해 노력했던 바나바의 아름다운 섬김을 배울 수 있도록 인도해 주소서."

05 땅끝을 향해 가는 하나님 나라

베드로는 스데반의 순교로 촉발된 박해 때 성도들이 흩어질 때도 사도들과 함께 예루살렘에 머물러 있었다. 그러나 베드로와 사도들이 예루살렘에만 머문 것은 아니었다. 베드로는 요한과 더불어 빌립 집사의 사마리아 전도에 참여하여 '사마리아의 오순절'을 통해 성령이 임하게 하는 일을 했다(행 8:14-17). 예루살렘으로 돌아가면서 사마리아 여러 마을에 복음을 전했다(행 8:25). 이후 성전을 순례한 내시를 통해 에티오피아에도 복음이 전해질 것이라는 기대가 생겼고 이방인에게 복음을 전할 사도인 사울이 부름을 받았다. 이렇게 땅끝으로 향해 가는 하나님 나라의 새로운 '문'이 차례로 열리는 느낌을 받을 수 있다.

땅끝을 향해 가는 하나님 나라의 결정적 신호는 사도 베드로를 통해 시작될 것이다. "그 때에 베드로가 사방으로 두루 다니다가 룻다에 사는 성도들에게도 내려갔더니 거기서 애니아라 하는 사람을 만나매 그는 중풍병으로 침상 위에 누운 지 여덟 해라 베드로가 이르되 애니아야 예수 그리스도께서 너를 낫게 하시니 일어나 네 자리를 정돈하라 한대 곧 일어나니 룻다와 사론에 사는 사람들이 다 그를 보고 주께로 돌아오니라. 욥바에 다비다라 하는 여제자가 있으니 그 이름을 번역하면 도르가라 선행과 구제하는 일이 심히 많더니 그 때에 병들어 죽으매 시체를 씻어 다락에 누이니라 룻다가 욥바에서 가까운지라 제자들이 베드로가 거기 있음을 듣고 두 사람을 보내어 지체 말고 와 달라고 간청하여 베드로가 일어나 그들과 함께 가서 이르매 그들이 데리고 다락방에 올라가니 모든 과부가 베드로 곁에 서서 울며 도르가가 그들과 함께 있을 때에 지은 속옷과 겉옷을 다 내보이거늘 베드로가 사람을 다 내보내고 무릎을 꿇고 기도하고 돌이켜 시체를 향하여 이르되 다비다야 일어나라 하니 그가 눈을 떠 베드로를 보고 일어나 앉는지라 베드로가 손을 내밀어 일으키고 성도들과 과부들을 불러들여 그가 살아난 것을 보이니 온 욥바 사람이 알고 많은 사람이 주를 믿더라 베드로가 욥바에 여러 날 있어 시몬이라 하는 무두장이의 집에서 머무니라"(행 9:32-43).

하나님 나라 복음 전파는 계속 확산 중!

순회 전도를 하던 베드로가 예루살렘 북서쪽 37㎞ 거리에 있는 해안 쪽의 룻다로 갔다. 그곳에서 베드로는 침상에 누운 지 8년 된 중풍병자 애니아를 고쳐주었다. 예루살렘에서 지체장애인을 고쳐주었던 표적으로 인해 사도들이 유대교 당국자들의 제지를 받고 체포되는 일도 있었지만 지금은 아무런 방해가 없었으니 감사할 일이었다. 예루살렘 밖이니 그랬을 것이고 복음이 더욱 확산되고 있었으니 유대교 당국자들의 힘이 덜 미쳤을 것이라고 상상해 본다. 이 일로 룻다뿐만 아니라 룻다 북서쪽의 해안 지역인 사론 평야 지역에 사는 사람들도 주님께로 돌아왔다. 하나님 나라의 경계선이 확장되어 가고 있다.

이때 베드로는 룻다에서 북서쪽으로 18㎞ 떨어진 항구도시 욥바로 와달라는 요청을 받았다. 베드로가 가서 보니 여제자 다비다가 죽었다. 다비다에게 섬김을 받던 과부들이 많았는데 그들이 다비다의 죽음을 안타까워했다. 베드로가 이 여제자 다비다의 시신 앞에서 무릎을 꿇고 기도했다. 그리고 시신을 향해 말했다. "다비다야, 일어나라!" 이 여인 다비다가 눈을 떠 베드로를 보고 일어나 앉았다.

재능을 살리고 편견을 타파하며 복음의 문이 열리는 중!

복음이 유대를 넘고 사마리아도 넘어서 땅끝으로 확산되는 지점에 있다는 느낌을 강하게 받을 수 있는 때에 다비다의 이야기가 기록된 점이 인상적이다. 욥바는 항구도시였기에 바다에서 목숨을 잃는 뱃사람이 많아 과부도 많았다. 다비다는 자신의 옷 만들기 재능으로 딱한 사람들을 섬기고 도우며 그들과 동고동락했다. 이렇게 자신의 재능으로 사람들을 섬기며 이웃을 사랑하는 일이 복음 전파에서 중요한 역할을 한다. 살아난 다비다는 이후에도 오랫동안 바늘과 실을 사용해 과부들을 섬기며 하나님 나라가 임하게 하는 일을 해냈을 것이다.

살아난 다비다의 소식은 온 욥바 사람들에게 알려졌고 많은 사람이 예수님을 믿었다. 또한 욥바에서 베드로가 특이하고 남다른 점 하나를 더 보여준다. 무두장이 시몬의 집에 머물렀다(43절). 무두장이는 동물 가죽을 이용한 제품을 만들고 부정한 동물도 취급하기 때문에 유대인들이 혐오하는 직업인이었다. 그런데 베드로는 복음의 본질을 알기에 그런 편견을 벗어나 그의 집에 머물렀다. 이제 베드로는 욥바에 머무르며 하나님이 특별하게 준비하신 환상을 보게 될 것이다. 그 일을 통해 복음 전파의 새로운 문이 열릴 것이다. 예루살렘과 유대와 사마리아도 넘어서 이제 땅끝을 향해 가는 복음의 역사를 기대하면서 새로운 국면을 맞는 하나님 나라를 기대할 수 있다.

욥바의 여제자 다비다를 통해 자신의 재능을 활용해 사람들을 섬기는 일이 얼마나 중요한지 확인할 수 있다. 결정을 내리고 표적을 보이고 말씀을 선포하는 사도의 역할만 복음 전파에 중요한 것이 아니다. 바느질이라는 은사로 사람들에게 보여준 다비다의 사랑을 우리도 실천해야 한다.

"하나님 아버지, 오늘 우리에게도 여전히 주어져 있는 땅끝 전도의 사명을 다할 수 있도록 믿음과 용기를 더하여 주소서. 일터에서 다비다의 '바늘과 실'을 통한 생활전도를 실천하게 하여 주소서. 그리하여 복음 전파의 새로운 문을 열어주소서."

06

>>> 사도행전 10:1-8

구도자 고넬료의 특별한 믿음

백화점 왕이자 전 세계에 YMCA 건물을 수없이 많이 지어준 존 워너메이커는 평생에 3T를 모토로 삼고 살았다.

"생각하고, 실천하고, 하나님을 신뢰하자."

(Thinking, Trying and Trusting in God).

워너메이커가 열세 살 무렵 벽돌 공장에서 일할 때였다.

비만 오면 진창이 되는 교회 앞길을 포장하려는 꿈을 가지고 날마다 벽돌을 한 장씩 사서 깔았다. 2년 정도 걸릴 것으로 예상했다.

그러나 한 달이 지나자 존을 보고 감동받고 책임감을 느낀 교인들이 길에 벽돌을 함께 깔았을 뿐만 아니라 낡은 교회당까지 신축하기로 했다. 하나님이 주신 생각을 실천하는 믿음이 아름다운 열매를 맺었다.

이제 누가는 특별한 믿음을 가진 한 이방인 구도자를 소개한다. 성령의 역사하심으로 전개되는 하나님 나라 복음 전파가 새로운 국면을 맞고 있다. "가이사랴에 고넬료라 하는 사람이 있으니 이달리야 부대라 하는 군대의 백부장이라. 그가 경건하여 온 집안과 더불어 하나님을 경외하며 백성을 많이 구제하고 하나님께 항상 기도하더니 하루는 제 구 시쯤 되어 환상 중에 밝히 보매 하나님의 사자가 들어와 이르되 고넬료야 하니 고넬료가 주목하여 보고 두려워 이르되 주여 무슨 일이니이까. 천사가 이르되 네 기도와 구제가 하나님 앞에 상달되어 기억하신 바가 되었으니 네가 지금 사람들을 욥바에 보내어 베드로라 하는 시몬을 청하라. 그는 무두장이 시몬의 집에 유숙하니 그 집은 해변에 있다 하더라. 마침 말하던 천사가 떠나매 고넬료가 집안 하인 둘과 부하 가운데 경건한 사람 하나를 불러 이 일을 다 이르고 욥바로 보내니라"(행 10:1-8).

종교적 거룩만이 아닌 삶의 거룩을 실천한 믿음

가이사랴는 욥바에서 북쪽으로 50km 떨어진 항구도시였다. 유대 지방의 로마 정부 소재지였고 이방인들도 많이 사는 곳이었다. 가이사랴에 주둔하던 로마 군대의 백부장 고넬료는 유대교에 관심을 가진 이방인이었다. 할례받은 개종자는 아니었지만(11:3) 점령지의 주둔군 지휘관이 식민지 사람들의 종교에 관심을 가졌던 점이 특이하다. 경건한 생활을 했고 특히 온 집으로 더불어 하나님을 경외했다는 점은 특기할 만하다. 가족과 많은 식솔이 함께 하나님을 경외했다.

고넬료가 보여준 믿음의 또 다른 특징은 하나님을 경외하는 신앙의 표현 방법으로 기도와 구제라는 두 '중요 과목'을 실천했다는 점이다. 고넬료는 종교적 거룩만이 아닌 삶의 거룩을 실천했다. 시간을 정해놓고 '항상' 하나님께 기도했고 백성들을 '많이' 구제했다. 그날도 제 구 시, 즉 오후 세 시쯤에 기도할 때 천사가 환상 중에 나타나 고넬료와 대화했다. 고넬료가 하나님을 경외하고 기도하며 구제하는 삶이 하나님 앞에 상달되어 기억하신 바가 되었다(4절 하). 마치 하나님이 제사를 받으시듯이 고넬료의 경건한 믿음을 기쁘게 여기셨다.

경건한 아랫사람과 동역하다

하나님의 사자가 고넬료에게 무두장이 시몬의 집에 있는 베드로를 청하라고 지시했다. 갑작스럽게 이방인 백부장의 자세한 신앙 경력을 소개하고 또 이야기가 길게 이어지니 사도행전을 읽는 독자들도 어리둥절할 만하다. 그런데 고넬료는 사도행전이 묘사하는 하나님 나라 복음이 확산되는 일에 있어서 터닝 포인트가 될 만큼 중요한 사람이었다.

또 한 가지 고넬료의 믿음의 특징은 그가 중요한 일을 함께 나눌 만한 아랫사람이 있었다는 점이다. "부하 가운데 경건한 사람"이 있었고 그 부하에게 자신의 체험과 중요한 계획을 다 이야기했다. 물론 백부장 고넬료의 모든 부하가 다 고넬료와 같은 신앙을 가졌거나 신앙에 동의하지는 않았을 듯하다. 하지만 같은 신앙을 가진 경건한 부하가 고넬료에게 있었다는 점이 중요하다. 고넬료는 부하에게 자기가 본 환상을 다 말하고 욥바에 가서 베드로를 청하여 데리고 오는 임무를 주었다. 이렇게 신앙을 함께 나누고 중요한 일을 맡길 만한 사람이 있었던 고넬료는 매우 특징적이고 장점이 뚜렷한 믿음을 보여준다.

크리스천 직업인인 우리는 어떤 색깔의 믿음을 가졌는지 돌아보자. 구도자 고넬료는 하나님을 경외하는 믿음을 가족들과 공유하고 또한 일터에서도 믿음을 나누며 함께 의논할 사람이 있었다. 일터에서 하나님을 믿는 우리의 신앙을 함께 나눌 수 있어야 하겠다.

"하나님 아버지, 주님께 기도할 수 있게 하시고 제 믿음을 일터에서도 표현할 수 있게 도와주소서. 종교적인 크리스천으로 만족하지 말게 하소서. 일터와 일상에서 사람들에게 인정받을 수 있는 믿음을 가지고 또한 그 믿음을 일터에서 유산으로 남길 수 있게 인도해 주소서."

07

>>> 사도행전 10:13-22

누가 새 시대의 문을 여는가?

베드로는 하나님 나라의 영역이 점점 넓혀지는 과정에서 중요한 역할을 했고 그 과정을 지켜보았다. 성령 세례를 받은 후 성전 순례 자들에게 설교해서 3천 명이 회개하고 세례를 받았다. 빌립 집사의 사마리아 전도에도 동참했고 성령님이 임하는 역사를 지켜보았다. 유대 지방 룻다와 욥바에서도 복음을 전하고 이적을 통해 많은 사람 이 주님께 돌아오게 했다.

그런데 어느 날 정오 무렵 하나님이 보여주신 환상의 내용은 도 대체 알 수 없었다. 하늘이 열리며 보자기 같은 그릇이 내려왔다. 배 가 고픈 시간이었지만 그 안에 든 각종 부정한 짐승과 새들을 잡아먹 으라는 명령에 따를 수는 없었다. 그러나 하나님께서 깨끗하게 하신 것을 속되다고 하지 말라는 음성이 들렸다. 세 번 그 과정이 반복된 후 그릇이 하늘로 올라갔다(행 10:9-13).

베드로가 본 환상은 하나님 나라가 전개되는 과정에서 중요하고 도 새로운 문이 열릴 것을 보여준다. "또 소리가 있으되 베드로야 일 어나 잡아 먹어라 하거늘 베드로가 이르되 주여 그럴 수 없나이다.

속되고 깨끗하지 아니한 것을 내가 결코 먹지 아니하였나이다 한대 또 두 번째 소리가 있으되 하나님께서 깨끗하게 하신 것을 네가 속되다 하지 말라 하더라. 이런 일이 세 번 있은 후 그 그릇이 곧 하늘로 올려져 가니라. 베드로가 본 바 환상이 무슨 뜻인지 속으로 의아해하더니 마침 고넬료가 보낸 사람들이 시몬의 집을 찾아 문밖에 서서 불러 묻되 베드로라 하는 시몬이 여기 유숙하느냐 하거늘 베드로가 그 환상에 대하여 생각할 때에 성령께서 그에게 말씀하시되 두 사람이 너를 찾으니 일어나 내려가 의심하지 말고 함께 가라. 내가 그들을 보내었느니라 하시니 베드로가 내려가 그 사람들을 보고 이르되 내가 곧 너희가 찾는 사람인데 너희가 무슨 일로 왔느냐. 그들이 대답하되 백부장 고넬료는 의인이요 하나님을 경외하는 사람이라. 유대 온 족속이 칭찬하더니 그가 거룩한 천사의 지시를 받아 당신을 그 집으로 청하여 말을 들으려 하느니라 한대"(행 10:13-22).

기도의 연결 고리를 가진 사람들

새 시대의 문을 여는 사람들은 기도의 연결 고리를 가진 사람들이었다. 기도하는 사람들이 새 시대의 문을 열 수 있다. 고넬료가 바로 기도하는 사람이었다(2절). 베드로 역시 기도하는 사람이었다. 성령님이 이 두 사람의 기도를 연결하셨다. 하나님의 사자가 기도하던 고넬료에게 베드로를 청하라고 했다. 베드로는 기도 시간에 바로 그 고넬료의 초청과 연관된 중요한 환상을 보고 있었다. 특히 베드로는 식사를 준비하는 허기진 시간, 자투리 시간에도 기도했다(9-10절). 여러 가지 핑계 대지 말고 우리도 기도 시간을 확보해야 한다.

비전을 공유하는 사람들

새 시대의 문을 여는 사람들은 비전을 공유하는 사람들이었다. 고넬료도 환상(vision)을 보았고(3절), 베드로도 기도 중에 중요한 환상을 보았다. 특히 베드로가 본 환상은 이방인들이 교회 공동체 안으로 들어오는 것이 하나님의 뜻이라는 사실을 보여주었다. 이 비전에 대해 베드로는 처음에는 잘 이해하지 못했지만 성령님의 인도를 따라 백부장 고넬료의 초청에 응했다. 그의 집에 가서 복음을 전하면서 베드로가 확인했다. 베드로가 본 환상을 통해 복음 전파는 새로운 국면을 맞게 되었다. 이제 이방인들이 복음을 듣고 회심할 것이다. 하나님 나라 복음을 듣고 예루살렘과 유대와 사마리아를 넘어 땅끝으로 가는 것이다. 이방인들에게 복음을 전하여 하나님 나라가 더욱 확장될 것이다.

성령님의 인도하심을 받는 사람들

새 시대의 문을 여는 사람들은 성령의 인도하심을 받는 사람들이었다. 베드로가 환상을 잘 이해하지 못할 때 성령님이 고넬료가 보낸 사람들을 베드로에게 인도하셨다. '마침' 고넬료가 보낸 사람이 왔다고 하는데 베드로는 나중에도 이 사실을 강조한다(행 11:11). 이같이 베드로는 성령님의 인도하심에 민감했고 철저히 순종했다. 이방인이었지만 경건한 고넬료가 자신을 초대한 것이 환상의 내용과 부합됨을 확신하고 그들을 따라나섰다. 기도하며 하나님이 주신 비전을 공유하는 사람들은 반드시 성령님의 인도하심을 받아야 한다. 그래야 복음 전파의 새로운 문을 열 수 있다.

우리도 과연 새로운 복음 전파의 문을 여는 크리스천들인지 돌아보아야 한다. 특히 일터에서 복음 전파의 새로운 문은 어떻게 열 수 있을까? 기도하며 비전을 공유하며 성령님의 인도하심에 민감해야 한다. 그리고 인내하며 주님의 뜻을 따라야 한다.

 "하나님 아버지, 한국 교회의 앞날과 우리 일터의 복음화를 위해 기도하는 사람이 되게 인도해 주소서. 하나님 나라를 위한 비전을 갖게 하여 주시기 원합니다. 성령님의 인도를 통해 복음의 문을 열어갈 수 있도록 주님이 함께하여 주소서."

08

>>> 사도행전 10:39-48

이방인에게도 성령을 부어 주시다

스탠리 존스 선교사가 인도에 선교하러 갔을 때 처음에는 인도인들과 동화되려 하지 않았으나 깨달음을 얻고 인도인들의 좋은 점을 찾기 시작했다. 하루는 학생들을 데리고 갠지스강을 건너게 되었는데 학생들이 물에 돌팔매질을 했다. 그러자 배를 같이 탄 늙은 힌두교인이 얼굴을 붉히며 "우리 어머니에게 돌을 던지는가? 나는 꽃다발을 던지겠노라"라며 흐르는 물에다 꽃을 던지기 시작했다. 이때 존스 선교사가 "내게도 꽃을 좀 주시오. 물론 당신과 같은 정신은 아니지만 인도에 대한 경의의 표현으로 꽃을 던지고 싶소"라고 했더니 만족한 듯 감사했다고 한다.

본격적으로 이방인에게 복음을 전하기 시작한 사도 베드로에게도 이런 깨달음이 있었다. "우리는 유대인의 땅과 예루살렘에서 그가 행하신 모든 일에 증인이라. 그를 그들이 나무에 달아 죽였으나 하나님이 사흘 만에 다시 살리사 나타내시되 모든 백성에게 하신 것이 아니요 오직 미리 택하신 증인 곧 죽은 자 가운데서 부활하신 후 그를 모시고 음식을 먹은 우리에게 하신 것이라. 우리에게 명하사 백

138 | 일터에서 만난 성령님

성에게 전도하되 하나님이 살아 있는 자와 죽은 자의 재판장으로 정하신 자가 곧 이 사람인 것을 증언하게 하셨고 그에 대하여 모든 선지자도 증언하되 그를 믿는 사람들이 다 그의 이름을 힘입어 죄 사함을 받는다 하였느니라. 베드로가 이 말을 할 때에 성령이 말씀 듣는 모든 사람에게 내려오시니 베드로와 함께 온 할례받은 신자들이 이방인들에게도 성령 부어 주심으로 말미암아 놀라니 이는 방언을 말하며 하나님 높임을 들음이러라. 이에 베드로가 이르되 이 사람들이 우리와 같이 성령을 받았으니 누가 능히 물로 세례 베풂을 금하리요 하고 명하여 예수 그리스도의 이름으로 세례를 베풀라 하니라 그들이 베드로에게 며칠 더 머물기를 청하니라"(행 10:39-48).

가족, 친구와 함께 기다린 고넬료, 하나님의 뜻을 이해하다

경건한 이방인이었던 고넬료는 하나님을 향한 열정을 가지고 있었다. 천사의 지시를 따라 사도 베드로를 청해놓은 후 고넬료는 가족과 친지는 물론이고 가까운 친구들까지 모이게 했다. 베드로가 들어올 때 고넬료가 베드로를 맞으면서 그의 발 앞에 엎드리어 절을 했다(24-25절). 이런 겸손과 열정을 가지고 하나님의 말씀을 사모한 고넬료였다. 결국 베드로가 와서 전하는 복음을 들은 이들, 고넬료가 모이게 한 모든 사람에게 성령님이 임하셨다(44절). 고넬료처럼 자신뿐만 아니라 가까운 사람들과 복음을 들을 기회를 공유하여 결국 그들을 구원받게 하는 일은 매우 보람된 일이 아닐 수 없다.

이방인을 향한 본격적인 복음 전파의 서막은 두 방향의 열정이 합해져 가능했다. 고넬료가 열정을 가지고 복음을 들을 준비를 했다. 베드로는 하나님이 그에게 주신 환상을 깨닫고 열정적으로 반응했다.

유대인으로서 이방인과 교제하는 것이 불법이었지만 베드로는 하나님이 지시하셔서 왔다는 사실을 강조했다(28절). 결국 이 일을 통해 베드로는 이방인을 향해 복음이 전파되는 하나님의 계획을 인식하게 되었다. 그 확신과 열정으로 담대하게 복음을 전했다(34-43절).

말씀을 듣는 중에 성령님이 임하시다

베드로가 복음을 전하는 중 성령님이 말씀 듣는 모든 사람에게 임하셨다. "그를 믿는 사람들이 다 그의 이름을 힘입어 죄 사함을 받는다"(43절)라는 복음의 핵심을 통해 이방인들의 회심이 일어났다. 베드로는 그 광경을 보고 "이 사람들이 우리와 같이 성령을 받았"(47절)다고 말했다.

오순절에 예루살렘에서 기도하던 기성 신자들에게도 성령님이 임하셨고(행 2장) 세례를 받지 않은 초신자들이 말씀을 들을 때에도 성령님이 임하셨다. 사마리아에서는 말씀을 듣고 세례를 받은 사람들에게 성령님이 임하셨다(행 8:16-17). 에베소에서는 바울이 예수 그리스도의 이름으로 세례를 줄 때 성령님이 임하셨다(행 19:1-6). 한 사람이 믿음을 가지고 구원받고 성령 세례를 받는 과정은 획일적인 규칙이나 정해진 방법이 있는 것은 아님을 잘 보여준다. 열정을 가지고 하나님의 뜻을 따라 복음을 전하면 성령님이 역사하셔서 우리의 일터 동료들도 회심할 것이다.

고넬료와 그 가족, 친구들의 회심을 통해 배울 수 있다. 선행과 기도만으로 구원을 얻을 수 없다. 그러나 이방인도 복음을 듣고 구원받을 수 있다. 구원에 관한 이 두 가지 중요한 진리를 확신하고 일터에서 우리가 만나는 '이방인들'의 회심을 위해 노력해야 하겠다.

 "새로운 시대의 문을 여시는 하나님, 하나님의 놀라운 역사를 바라보며 하나님의 뜻에 순종하는 삶을 살게 하소서. 우리 일터의 동료들에게도 고넬료의 사람들과 같은 성령충만함의 역사가 일어날 수 있도록 주님이 함께하여 주소서."

09 >>> 사도행전 11:11-18

꼬투리 잡는
비난에 대처하는 방법

　회의하거나 어떤 문제가 생겨서 대책을 세울 때 사람들이 지적하
는 점이 핵심과는 거리가 먼 경우를 종종 경험한다. 이방인인 백부장
고넬료의 집안사람들과 친구들에게 성령님이 임하셨다는 소식을 들
은 예루살렘교회의 일부 신자들이 베드로를 비난했다. 그들이 지적
하는 문제는 할례받은 유대인들이 이방인의 집에 가서 함께 식사를
한 일이었다(행 11:1-3). 이방인들이 말씀을 듣고 회개하여 성령 충
만함을 받아 세례를 베푸는 획기적이고 중요한 일이 있었는데 식사
가 문제라니 무슨 말인가? 이런 비난은 나중에 예루살렘 총회에서도
바리새파였다가 신앙을 가진 사람들이 이방인들은 할례를 행하고 율
법을 지켜야 한다고 주장한 것과 맥을 같이 한다(행 15:5). 그들은 이
방인들에게 일어난 복음의 역사와 하나님 나라가 확대되어 가는 일
에 관심이 없었다.

　사람들의 비난이 본질과는 거리가 먼 경우가 있는데 적절하게 잘
대응한 사례를 베드로를 통해 발견할 수 있다. "마침 세 사람이 내가
유숙한 집 앞에 서 있으니 가이사랴에서 내게로 보낸 사람이라. 성령

이 내게 명하사 아무 의심 말고 함께 가라 하시매 이 여섯 형제도 나와 함께 가서 그 사람의 집에 들어가니 그가 우리에게 말하기를 천사가 내 집에 서서 말하되 네가 사람을 욥바에 보내어 베드로라 하는 시몬을 청하라. 그가 너와 네 온 집이 구원받을 말씀을 네게 이르리라 함을 보았다 하거늘 내가 말을 시작할 때에 성령이 그들에게 임하시기를 처음 우리에게 하신 것과 같이 하는지라. 내가 주의 말씀에 요한은 물로 세례를 베풀었으나 너희는 성령으로 세례를 받으리라 하신 것이 생각났노라. 그런즉 하나님이 우리가 주 예수 그리스도를 믿을 때에 주신 것과 같은 선물을 그들에게도 주셨으니 내가 누구이기에 하나님을 능히 막겠느냐 하더라. 그들이 이 말을 듣고 잠잠하여 하나님께 영광을 돌려 이르되 그러면 하나님께서 이방인에게도 생명 얻는 회개를 주셨도다 하니라"(행 11:11-18).

지엽적 문제를 비난할 때 논리적으로 확신 있게 반박하라

사도행전 기자 누가는 이미 기록한 베드로의 환상 내용을 다시 한번 자세하게 기록한다(행 11:4-6). 베드로가 보았던 환상이 하나님 나라 복음이 땅끝까지 확산하는 일에 중요하기 때문이었다. 주로 유대인으로 구성된 초대교회 공동체의 특성으로 인한 신앙의 '선민의식' 때문에 그들의 고집과 아성을 깨뜨릴 필요를 느꼈을 것이다.

비난하는 사람들에 대해 베드로는 두 가지 전략을 구사한다. 첫째, 베드로는 차례로 설명했다(4절). 감정적으로 대응하지 않고 짜임새 있고 조리 있게 설명했다. 하나님이 환상으로 보여주신 너무도 분명한 체험을 말하면서 확신 있게 증거로 내세웠다(5-11절). 베드로는 자신이 기도하다가 본 환상을 설명하며 성령님이 인도해 주신 일도 구체적으로 말했다. 해석하기 힘든 환상을 보고 생각에 잠겨 있을 때(행 10:19) 마침 세 사람이 베드로가 머물던 무두장이 시몬의 집 앞에 서 있었다고 말한다(행 11:11). 백부장 고넬료가 가이사랴에서 보낸 그의 부하와 종들이었다.

증인들을 세워 비난을 잠재우라

비난하는 사람들의 원망을 잠재우기 위한 두 번째 전략은 증인들을 세우는 것이었다. 베드로는 고넬료의 집에 함께 가서 성령님의 모든 역사를 지켜본 증인들을 소개한다. 한두 명도 아니고 여섯 명의 형제들이었다(12절). 고넬료의 집까지 갔던 일을 기록한 부분에는 "욥바에서 온 어떤 형제들"도 함께 갔다고만 기록한다(행 10:23). 이제 베드로는 인원수까지 정확하게 말하면서 "성령이 그들에게 임하시기를 처음 우리에게 하신 것과 같이"(15절) 하셨다는 사실을 그들과 함께 경험했다고 말한다. "하나님이 우리가 주 예수 그리스도를 믿을 때에 주신 것과 같은 선물을 그들에게도 주셨으니 내가 누구이기에 하나님을 능히 막겠느냐?"(17절).

고넬료의 집에서 있었던 이방인의 회심에 대한 핵심적 사항을 정확히 지적한 베드로의 이 말로 결국 비난하던 할례자들은 잠잠해졌다. 결국 예루살렘교회의 사도들과 모든 제자는 하나님께 영광을 돌릴 수밖에 없었다. 그들은 하나님께서 이방인에게도 생명 얻는 회개를 주셨다는 사실을 확인했고 이제 하나님 나라의 역사는 새로운 국면을 맞게 되었다.

비난받을 때 화를 참지 못하고 감정적으로 맞대응하지 말아야 한다. 확신 있고 조리 있게 설명해야 한다. 또한 베드로가 함께 성령님의 역사를 경험한 증인들을 세우며 명백한 증거를 제시한 것처럼 설득력 있는 자료를 잘 찾아 제시해 비난을 잠재우기 위해 노력해야 한다.

"하나님 아버지, 일터에서도 본질을 벗어난 지엽적인 문제로 비난받을 때가 있습니다. 꼬투리를 잡는 비난에 지혜롭게 대응할 수 있도록 함께하여 주소서. 무엇이 중요한지, 핵심에 접근하는 문제 해결을 시도할 수 있도록 인도해 주소서."

10

>>> 사도행전 11:19-21

새로운 역사를 시작하는 '몇 사람'

성경에는 '몇 사람'에 관한 특별한 기록이 몇 곳 있다. 히스기야 왕이 신앙의 개혁을 하면서 유월절 절기를 회복하려고 할 때 유다 백성들은 외면했다. 하지만 오히려 북이스라엘의 '몇 사람'이 국경을 넘어 예루살렘으로 왔다. 이 사람들을 시작으로 결국 유월절 절기를 복원하고 신앙의 개혁을 이룰 수 있었다(대하 30:10-20).

요한계시록에도 '몇 사람'이 등장한다. 사데 교회에 "그 옷을 더럽히지 아니한 자 몇 명"이 있어 하나님이 보시기에 합당한 삶을 살았다고 칭찬받는다. 죄악 된 도시에서 거룩하게 살았던 몇 사람의 모습과 그들이 받을 상급을 보여주고 있다. 몇 사람은 흰옷을 입고 천국에서 주님과 함께 할 것이다. 흰옷을 입고 그 이름을 생명책에서 결코 지우지 않고 그 이름을 하나님과 천사들 앞에서 시인해 주신다(계 3:4-6).

사도행전에서도 이렇게 새로운 역사를 시작하는 '몇 사람'이 등장하고 있다. "그 때에 스데반의 일로 일어난 환난으로 말미암아 흩어진 자들이 베니게와 구브로와 안디옥까지 이르러 유대인에게만 말씀을 전하는데 그 중에 구브로와 구레네 몇 사람이 안디옥에 이르러 헬라인에게도 말하여 주 예수를 전파하니 주의 손이 그들과 함께 하시매 수많은 사람들이 믿고 주께 돌아오더라"(행 11:19-21).

매를 맞아도 정신 못 차리는 사람들

스데반의 죽음과 함께 교회에 큰 박해가 일어났을 때 당시 크게 부흥했던 예루살렘교회의 성도들은 계속 예루살렘에 머물 수 없었다. 사도들을 제외한 성도들은 모두 사방으로 흩어질 수밖에 없었다. "사울은 그가 죽임 당함을 마땅히 여기더라. 그 날에 예루살렘에 있는 교회에 큰 박해가 있어 사도 외에는 다 유대와 사마리아 모든 땅으로 흩어지니라"(행 8:1).

그들은 어떤 생각을 했을까? 예루살렘뿐만 아니라 유대 땅과 사마리아 땅, 그리고 땅끝까지 이르러 복음을 전파하라는 예수님의 명령을 잊어버리고 불순종한 징벌임을 깨달아야 했다. 그런데 팔레스타인을 벗어나 베니게와 구브로, 안디옥까지 간 성도들이 유대인들에게만 복음을 전했다. 성령님의 인도로 빌립 집사가 에티오피아 내시에게 복음을 전하고 사도 베드로가 로마 사람 고넬료와 가족 그리고 지인들에게 복음을 전하기는 했다. 그러나 대부분의 흩어진 성도들은 유대인들에게만 복음을 전했다. 그들은 매를 맞아도 정신을 못 차리는 딱한 사람들이었다.

그래도 몇 사람이 역사를 주도한다

그런데 키프로스 섬과 아프리카 북부(지금의 리비아)의 구레네에서 온 몇 사람이 수리아 안디옥에서 이방인인 헬라인에게도 복음을 전했다. 안디옥은 로마와 알렉산드리아 다음가는, 당시 로마제국에서 세 번째로 큰 도시였다. 상업과 교통의 중심지였다. 이방인들이 많았고 수많은 이방 종교의 중심지이기도 했다. 그런 안디옥에서 이 몇 사람은 하나님 나라의 복음을 헬라인에게 전했다. 유대인들은 구약성경의 배경을 공유하기에 복음을 전할 때도 예수님은 구약에 예언된 '그리스도' 시고 '하나님의 아들'이라고 자연스럽게 전할 수 있었다. 그러면 헬라인에게는 어떻게 복음을 전해야 할까? 몇 사람은 '주 예수'를 전파했다. '예수가 주(主)'시라는 복음의 핵심을 전했다.

베드로가 오순절에 모인 사람들에게 "너희가 십자가에 못 박은 이 예수를 하나님이 주와 그리스도가 되게 하셨"(2:36)다고 설교했다. 이방인인 고넬료의 집에 모인 사람들에게 설교할 때는 "만유의 주 되신 예수 그리스도"로 인한 화평의 복음을 전했다(행 10:36). 당시 사람들은 보통 '주'(헬라어, 퀴리오스)를 로마 황제로 이해했지만 바로 그 개념을 접촉점으로 삼아 세상의 주님이신 예수님을 설명하려 했다고 볼 수 있다.

중요한 점은 "주의 손이 그들과 함께"하셔서 많은 사람들이 복음을 영접했다는 사실이다. 그리고 그 몇 사람은 역사의 뒤안길로 사라졌다. 이름도 기록되지 않았다. 아마도 그들은 안디옥교회를 세운 창립 멤버가 되었을 것이다. 이렇게 몇 사람이 이방인 전도의 첫걸음을 내디딘 사건은 중요했다. 베드로의 고넬료 집안 전도와 더불어 이방인 전도가 새 시대를 여는 하나님 나라 실현이라는 사실을 증거하는 중요한 이정표가 되었다.

일터에서는 '혁신'에 대해 자주 듣고 말한다. 고정 관념을 벗어나 뭔가 다른 사고방식과 행동을 할 수 있도록 노력해야 한다. 일터 동료들이 이해하기 쉬운 '주 예수'를 전할 수 있도록 복음을 잘 준비해야 한다.

"헬라인에게도 복음을 전한 몇 사람과 함께하신 하나님, 많은 사람이 늘 하나님의 뜻을 잘 아는 것은 아닙니다. 하지만 하나님이 기뻐하시는 삶을 살기 위해서 몇 사람이 걷는 길을 묵묵히 걸어갈 수 있는 용기를 허락하여 주소서."

>>> 사도행전 11:22-30

11

그리스도인이라 불렸던 사람들

종교개혁 당시, 개혁자들에게 붙여진 '프로테스탄트'(Protes-tant)라는 호칭은 '반항하는 자', '항거자'라는 뜻으로 다분히 경멸적이었다. 또한 감리교도를 의미하는 '메쏘디스트'(Methodist)도 '법칙주의자'라는 경멸의 의미가 담겨 있었다. '그리스도인'이라는 호칭도 처음에는 다분히 조롱의 의미가 담겨 있었을 듯하다. '크리스티아노스'라는 헬라어는 '그리스도의 소유'라는 뜻이다. 당시 예수 그리스도는 반역죄로 십자가에서 처형당한 죄수로 인식되었다. 그런 사람의 소유 혹은 노예라는 뜻을 담고 있었다. 그러나 어떻게 불렸든 '그리스도인'의 진정한 의미는 거룩하고 자랑스럽다. 사도 베드로가 말한다. "만일 그리스도인으로 고난을 받으면 부끄러워하지 말고 도리어 그 이름으로 하나님께 영광을 돌리라"(벧전 4:16).

사도행전은 예수님의 제자들이 '그리스도인'이라 불리게 된 유래를 기록하고 있다. "예루살렘교회가 이 사람들의 소문을 듣고 바나바를 안디옥까지 보내니 그가 이르러 하나님의 은혜를 보고 기뻐하여 모든 사람에게 굳건한 마음으로 주와 함께 머물러 있으라 권하니 바나바는 착한 사람이요 성령과 믿음이 충만한 사람이라. 이에 큰 무리가 주께 더하여지더라. 바나바가 사울을 찾으러 다소에 가서 만나매 안디옥에 데리고 와서 둘이 교회에 일 년간 모여 있어 큰 무리를 가르쳤고 제자들이 안디옥에서 비로소 그리스도인이라 일컬음을 받게 되었더라. 그 때에 선지자들이 예루살렘에서 안디옥에 이르니 그 중에 아가보라 하는 한 사람이 일어나 성령으로 말하되 천하에 큰 흉년이 들리라 하더니 글라우디오 때에 그렇게 되니라. 제자들이 각각 그 힘대로 유대에 사는 형제들에게 부조를 보내기로 작정하고 이를 실행하여 바나바와 사울의 손으로 장로들에게 보내니라"(행 11:22-30).

착하고 성령과 믿음이 충만한 바나바를 파송하다

배타적인 신앙적 타성을 깨고 이방인들에게 복음을 전한 몇 사람의 전도에 힘입어 안디옥에 예수님을 믿는 사람들이 많아졌다. 그때 예루살렘의 사도들은 바나바를 지도자로 파송하여 첫 이방인 교회를 안디옥에 세웠다. 바나바는 히브리파 유대인이 아니라 구브로 출신이었기에 구브로 사람들의 전도로 시작된 이방인들의 교회를 섬기는 일에 더 친숙하고 적절했을 듯하다. 바나바는 안디옥에 와서 하나님의 은혜를 보고 기뻐하면서 성도들에게 굳건한 마음으로 주와 함께 머물러 있으라고 권면했다. 바나바는 선한 인격을 가지고 있고 성령과 믿음이 충만한 지도자였다. 그가 안디옥에서 사역하면서 안디옥 교회가 크게 부흥했다.

말씀으로 양육 받은 제자들, 그리스도인이라 불리다

그런데 바나바는 자신만 안디옥교회 성도들을 섬기는 것으로 만족하지 않았다. 회심한 성도들이 늘어나니 그들을 체계적으로 양육하고 교육할 필요를 느꼈다. 그래서 동역할 사역자로 사울을 찾으러 길리기아 다소까지 가서 데려왔다. 두 사람은 함께 1년간 안디옥교회에 모인 큰 무리를 가르쳤다. 이렇게 하나님의 말씀으로 양육받으며 성도들의 믿음이 자라갈 때 그들은 처음으로 '그리스도인'이라고 불리었다. 그리스도를 추종하는 안디옥교회의 성도들은 독특한 생활양식과 사고방식을 가졌음을 보여준다. 그런 점이 안디옥에 사는 사람들의 눈에 특이하게 보여 이름을 붙일 정도였다는 점이 중요하다. 오늘 '그리스도인'이라 불리는 우리도 그리스도에게 속한 사람들로 일터의 동료들에게 인상적인 모습으로 인정받고 있는지 돌아보아야 한다.

그리스도인들, 행동하는 참된 믿음을 보이다

안디옥교회는 설립된 지 얼마 되지 않았지만 기근을 겪는 유대 지역 형제들을 위해 부조를 마련해 예루살렘으로 가는 바나바와 사울 편으로 보냈다. 설립 초기부터 고통을 겪는 이웃들과 이런 아름다운 유대 관계를 형성할 정도로 안디옥교회는 성숙해 있었다. 안디옥교회 성도들이 그리스도인이라고 불릴 만한 대표적인 특징을 사도행전 기자는 보여주고 있다. '그리스도인'이라고 세상 사람들은 조롱 섞어 불렀지만 그들이 주(主)로 섬겼던 로마 황제는 제대로 하지 못하는 일을 온 세상의 주 그리스도를 따르는 사람들이 하고 있다. 오늘 우리에게도 예수님을 아는 지식과 더불어 이렇게 행동으로 믿음을 표현하는 참된 신앙이 필요하다.

우리도 일터에서 진정한 의미의 '그리스도인'으로 사람들에게 알려지고 불릴 수 있어야 한다. '천하에 큰 흉년'이 드는 어려운 시절에 "나는 어떻게 살아남을 수 있을까?" 묻지 않고 "나보다 어려움을 겪는 이웃을 어떻게 도울 수 있을까?" 질문하며 손과 발을 움직인 안디옥교회 성도들에게 배워야 한다.

 "하나님 아버지, 안디옥교회 성도들처럼 세상의 왕이신 예수 그리스도께 헌신하기에 도움이 필요한 사람들에게 사랑을 실천할 수 있도록 인도해 주소서. 오늘 우리의 크리스천 공동체가 모범을 잘 보여준 안디옥교회를 배우게 하여 주소서."

12

>>> 사도행전 12:1-7, 13-17

순교를 위해 기도하던 사람들

예루살렘에 남아있던 사도들도 박해를 받기 시작했다. 야고보가 헤롯 아그립바에게 죽임당했다. 이후 베드로도 투옥된 후 교회가 그를 위하여 간절히 기도했다. 그런데 과연 성도들의 기도 제목은 무엇이었을까? 베드로를 옥에서 구해달라는 제목은 아니었을 것이라고 상식을 뒤집어 생각해 보았다. 만약 베드로가 풀려나기를 기도했다면 베드로가 살아 돌아와 문을 두드릴 때 성도들이 절대 베드로일 리가 없다고 했던 반응을(행 12:15) 설명하기 힘들다. 성령 충만했던 성도들이 옥에 갇힌 베드로를 위해 간절히 하나님께 기도했다고 하는데(행 12:5) 그 기도가 입술만 달싹이는 기도였다고 보기는 힘들다. 혹시 그들의 기도 제목이 "베드로 사도가 순교해야 한다면 믿음을 저버리지 않고 담대하게 순교하게 해주소서!"였던 것은 아닐까?

사도행전 12장은 초대교회 성도들이 스데반 집사와 야고보 사도의 순교를 겪으면서 순교에 대해 그들이 가지고 있던 남다른 생각을 엿볼 수 있게 해준다. "그 때에 헤롯 왕이 손을 들어 교회 중에서 몇 사람을 해하려 하여 요한의 형제 야고보를 칼로 죽이니 유대인들이 이 일을 기뻐하는 것을 보고 베드로도 잡으려 할새 때는 무교절 기간이라. 잡으매 옥에 가두어 군인 넷씩인 네 패에게 맡겨 지키고 유월절 후에 백성 앞에 끌어내고자 하더라. 이에 베드로는 옥에 갇혔고 교회는 그를 위하여 간절히 하나님께 기도하더라. 헤롯이 잡아내려고 하는 그 전날 밤에 베드로가 두 군인 틈에서 두 쇠사슬에 매여 누워 자는데 파수꾼들이 문 밖에서 옥을 지키더니 홀연히 주의 사자가 나타나매 옥중에 광채가 빛나며 또 베드로의 옆구리를 쳐 깨워 이르되 급히 일어나라 하니 쇠사슬이 그 손에서 벗어지더라. …베드로가 대문을 두드린대 로데라 하는 여자 아이가 영접하러 나왔다가 베드로의 음성인 줄 알고 기뻐하여 문을 미처 열지 못하고 달려 들어가 말하되 베드로가 대문 밖에 섰더라 하니 그들이 말하되 네가 미쳤다 하나 여자 아이는 힘써 말하되 참말이라 하니 그들이 말하되 그러면 그의 천사라 하더라. 베드로가 문 두드리기를 그치지 아니하니 그들이 문을 열어 베드로를 보고 놀라는지라. 베드로가 그들에게 손짓하여 조용하게 하고 주께서 자기를 이끌어 옥에서 나오게 하던 일을 말하고 또 야고보와 형제들에게 이 말을 전하라 하고 떠나 다른 곳으로 가니라"(행 12:1-7, 13-17).

베드로의 순교를 위한 제자들의 합심 기도

사도 베드로가 잡혀 옥에 갇혔다. 마리아의 집에 모인 제자들도 밤새 기도하고 있었다. 그들은 야고보 사도가 잡혔을 때도 기도했을 것이다. 야고보가 헤롯의 손에서 놓여나기를 위해 간절히 구했을 것이 틀림없다. 그러나 야고보가 헤롯 왕의 칼에 순교했고 베드로마저 사로잡혔다. 이제 기도의 제목이 달라졌을 것 같다. 제자들은 이제 사도들에게도 심각한 위협이 닥쳐온 것을 알았고 사로잡힌 베드로가 죽더라도 담대하게 순교할 수 있는 믿음을 달라고 기도했을 것으로 보인다. 그러니 베드로가 주의 사자의 인도하심으로 살아나왔을 때 베드로가 대문 밖에 서 있다는 여자아이의 말을 듣고 제자들은 미쳤다고 말했다. 힘써 참말이라고 하는 아이에게 그러면 그의 천사라고 했다.

베드로의 남다른 확신! 그리고 선교를 위한 일보 후퇴!

그런데 의아한 점이 또 있었다. 투옥된 베드로가 깊이 잠들어 있었다. 천사가 나타나 베드로의 옆구리를 "쳤다"고(7절) 하는데 그 단어는 주의 사자가 헤롯을 "치니 죽었다"고 할 때의(23절) 단어와 같다. 베드로가 그만큼 깊이 잠들어 있었다. 죽음을 앞에 둔 상황인데 베드로가 이렇게 깊이 잠든 점은 무엇을 말해주는가? 베드로도 야고보의 순교를 겪었지만 두려워하지 않고 이렇게 마음 편히 깊이 잠들 수 있었던 이유를 상상해 본다. 예수님이 부활하신 후 제자들과 만난 자리에서 베드로가 늙어서 죽을 것이라는 일종의 예언을 하셨다(요 21:18). 이 말씀을 확신한 베드로는 자신이 지금은 죽을 때가 아니라고 생각했을 수도 있다. 또한 이전에 투옥되었을 때 하나님이 이적으로 풀어주셨던 경험이 있었다(행 5:17-19). 이번에도 하나님이 충분히 이적을 베풀어 살려주시리라 확신하며 담대했을 수도 있다.

여하튼 하나님의 능력으로 감옥에서 탈출한 베드로는 자신의 목숨뿐만 아니라 교회의 안전을 위해 일단 다른 곳으로 몸을 피했다. 이렇게 도망감으로써 베드로가 훗날 더욱 많은 지역에서 선교하며 주님의 사역을 감당할 수 있었으니 감사할 일이다. 박해를 겪으며 언제나 순교할 각오하고 살아가되 위험을 초래해 목숨을 함부로 내던 지지 않는 신중한 균형 감각이 돋보였다.

교회에서 전통적으로 가르친 세 가지 순교를 기억하면 유익하다. 금식이나 금욕의 훈련인 녹색 순교, 삶 속에서 주님을 사랑해 모든 것을 포기하는 백색 순교를 훈련해야 한다. 그럴 때 피를 실제로 흘리고 목숨을 바치는 적색 순교도 실천할 수 있음을 명심하자.

 "하나님 아버지, 박해 시대를 살았던 선배들의 비장한 신앙의 각오를 마음에 새깁니다. 오늘날에도 세계 곳곳에서 박해받는 그리스도인들을 긍휼히 여겨 주소서. 저도 일사각오의 신앙으로 삶 속에서 순교의 믿음을 실천할 수 있도록 인도해 주소서."

13

>>> 사도행전 12:20-25

헤롯의 죽음과
왕성한 하나님의 말씀

독재자들이 흔히 그랬지만 나폴레옹도 교만으로 인해 망했다. 러시아 원정을 떠날 때 나폴레옹이 한 귀족 부인에게 자신의 전투 계획을 확신 있게 말하자 부인이 충고했다.

"인간이 계획하지만 이루시는 분은 하나님이십니다."

그러자 나폴레옹은 웃으면서 자신 있게 말했다.

"부인, 내가 모든 것을 계획하고 다 이룰 것입니다."

그해 겨울이 예년보다 몹시 추우리라는 전문가들의 충고를 듣고도 러시아 정벌을 강행한 나폴레옹은 수많은 병사를 눈밭에서 동사하게 했다. 몇 달 후 나폴레옹은 폐위되고 세인트헬레나 섬으로 유배당하며 몰락하고 말았다.

나폴레옹만큼이나 교만했던 한 정치인이 사도행전에도 나온다. "헤롯이 두로와 시돈 사람들을 대단히 노여워하니 그들의 지방이 왕국에서 나는 양식을 먹는 까닭에 한마음으로 그에게 나아와 왕의 침소 맡은 신하 블라스도를 설득하여 화목하기를 청한지라. 헤롯이 날을 택하여 왕복을 입고 단상에 앉아 백성에게 연설하니 백성들이 크게 부르되 이것은 신의 소리요 사람의 소리가 아니라 하거늘 헤롯이 영광을 하나님께로 돌리지 아니하므로 주의 사자가 곧 치니 벌레에게 먹혀 죽으니라. 하나님의 말씀은 흥왕하여 더하더라. 바나바와 사울이 부조하는 일을 마치고 마가라 하는 요한을 데리고 예루살렘에서 돌아오니라"(행 12:20-25).

정치적 야욕으로 기독교를 탄압한 헤롯 아그립바

사도행전의 전반부가 마무리되는 시점에 등장하는, 사도행전 12 장의 헤롯 왕은 헤롯 아그립바였다. 대헤롯이 죽은 후에는 헤롯 아켈라오와 헤롯 안디바, 헤롯 빌립, 세 명의 아들들이 분봉왕으로 팔레스타인 땅을 다스렸다. 그들 이후에는 대헤롯이 처형한 둘째 아들 아리스토불루스 4세의 아들 아그립바 1세가 팔레스타인을 통치했다. 그가 바로 헤롯 아그립바 왕이다. 헤롯 아그립바는 정치적 야욕으로 교회를 탄압했다. 사도 야고보를 죽였던 헤롯이 이 사람이다. 두로와 시돈에 대해서도 식량 공급을 중단하는 경제 봉쇄 조치를 취했던 것으로 보인다. 사람을 보내어 아부하는 두로와 시돈 사람을 보며 헤롯 아그립바는 흡족한 미소를 지었을 것이다.

당시의 복음 전파 상황을 보면 예루살렘과 유대와 사마리아까지, 완벽하지는 않았지만 복음이 전해지고 있었다. 그 지역이 바로 헤롯 아그립바가 다스리는 영토였다. 북쪽으로 가버나움을 지나 가이사랴 빌립보까지 다스렸다. 그런데 이제 기독교의 확장을 더는 용납할 수 없다는 듯 사도 야고보를 죽이고 베드로를 가두며 박해의 칼날을 휘둘렀다. 이 사람 헤롯 아그립바가 어떤 최후를 맞는지 살펴보면 장차 하나님 나라가 어떻게 전개되어 갈지 예상할 수 있다.

하나님의 영광을 가로채는 자의 최후

헤롯이 백성들 앞에서 번쩍이는 왕복을 입고 나서서 연설했다. 헤롯은 백성들이 아부를 섞어 칭송한 '신의 소리'라는 찬사를 듣고 매우 흡족했다. 온 세상의 주님이신 하나님 앞에서는 결코 용납될 수 없는 이런 교만으로 인해 헤롯은 결국 주의 사자가 쳐서 벌레에게 먹혀 죽고 말았다. 요세푸스의 책이나 외경 마카비서에도 헤롯이 갑자기 복통을 호소했고 며칠 동안 뱃속에 벌레가 끓고 악취를 풍기면서 비참하게 죽었다고 기록하고 있다. 누구라도 하나님 앞에서 교만하게 하나님의 영광을 가로채면 이렇게 망한다.

교회가 찾은 평안과 부흥

한편 교만하여 교회를 핍박하고 하나님이 받으실 영광을 가로채던 헤롯이 죽자 하나님의 교회는 어떻게 되었을까? 누가가 하나님 나라 전개의 새로운 국면을 예고하고 있다. 교회는 일시적으로 평안을 찾았다. 하나님의 말씀이 더욱 흥왕하게 되었다. 말씀 사역이 왕성하여 교회가 부흥했다. 그리고 바나바와 사울이 부조의 일을 마치고 마가라고 하는 요한을 데리고 예루살렘에서 안디옥으로 돌아왔다. 이제 이 사람들을 통해서 하나님 나라의 복음 전파는 새로운 국면, 예수님이 말씀하신 땅끝을 향해 나아갈 것이다. 바나바와 사울 그리고 마가 요한이 안디옥교회의 파송을 받아 땅끝을 향한 선교여행을 떠날 것이다.

세상의 역사 속에서도 하나님의 뜻을 찾을 수 있다. 헤롯 아그립바의 교만함과 죽음을 보면서 하나님 나라 복음 전파가 새로운 방향으로 전개되겠다는 기대를 하게 된다. 하나님의 영광을 가로채는 세상 권력자의 비참한 최후를 반면교사로 삼아 하나님 앞에서 겸손해야 하겠다.

 "하나님 아버지, 하나님을 무시하고 하나님의 영광을 빼앗은 사람들의 교만을 꺾어주시고 하나님께서만 영광 받으소서. 하나님 나라에 대적하는 헤롯의 비참한 죽음을 보면서 역사를 바로 보고 하나님의 뜻을 제대로 이해할 수 있도록 인도해 주소서."

두 사람이 성령의 보내심을 받아 실루기아에 내려가 거기서 배 타고
구브로에 가서 살라미에 이르러 하나님의 말씀을 유대인의 여러 회당에서
전할새 요한을 수행원으로 두었더라. 사도행전 13:4-5

PART 4

성령에 사로잡혀
살아가십니까?

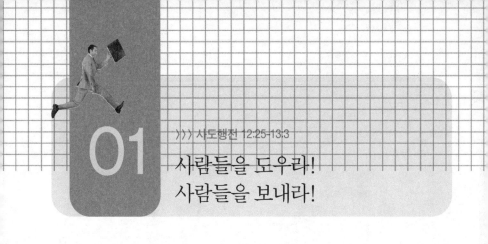

>>> 사도행전 12:25-13:3

01

사람들을 도우라!
사람들을 보내라!

목회 잡지 〈Pulpit〉(강단)을 창간하고 오래 편집한 스피노스 조디
아티 목사가 많은 교회를 돌아보면서 "살아있는 교회와 죽어가는 교
회"에 대한 비교 글을 기고했다.

"살아있는 교회는 늘 공간이 부족하다. 그러나 죽어가는 교회는
공간을 염려하지 않는다. 살아있는 교회는 항상 변화하나 죽어가는
교회는 늘 똑같다. 살아있는 교회는 아이들의 소리로 늘 시끄러우나
죽어가는 교회는 죽은 듯이 조용하다. …살아있는 교회는 선교를 위
해 사람을 보내는 일이 활발하나 죽어가는 교회는 교회 안에서만 사
람들이 움직인다. 살아있는 교회는 기부하는 사람(giver)으로 가득
차 있고, 죽어가는 교회는 팁을 주고 티를 내는 사람(tipper)으로 차
있다. … "

첫 이방인 교회인 안디옥교회는 성령님의 인도하심을 따라 구제
하고 선교하는 특징적인 교회의 모습을 보여주었다. "바나바와 사울
이 부조하는 일을 마치고 마가라 하는 요한을 데리고 예루살렘에서
돌아오니라. 안디옥교회에 선지자들과 교사들이 있으니 곧 바나바

와 니게르라 하는 시므온과 구레네 사람 루기오와 분봉왕 헤롯의 젖
동생 마나엔과 및 사울이라. 주를 섬겨 금식할 때에 성령이 이르시
되 내가 불러 시키는 일을 위하여 바나바와 사울을 따로 세우라 하
시니 이에 금식하며 기도하고 두 사람에게 안수하여 보내니라"(행
12:25-13:3).

안디옥교회, 이웃 사랑에 힘쓰는 교회

사도행전은 1장부터 12장까지의 전반부와 13장부터 28장까지의
후반부로 구분할 수 있다. 전반부에서는 베드로를 중심한 사도들과
스데반을 중심한 집사들이 예루살렘교회를 기반으로 복음 사역을 했
던 일에 대해 기록하고 있다. 이제 후반부에서는 바울과 선교팀원들
이 중심이 되어 안디옥교회를 기반으로 이방인을 향한 복음 사역을
한 일에 대해 기록하고 있다. 사도행전의 후반부를 열면서 누가는 안
디옥교회의 중요한 특징 두 가지를 보여주고 있다.

첫째는 이웃 사랑에 힘쓰는 모습이다. 안디옥교회 성도들은 아가
보 선지자의 예언대로 로마의 4대 황제인 글라우디오 때에 큰 기근
이 들자 할 일을 했다. 기근을 당한 유대 지방의 성도들을 섬기기 위
해 모금했다. "제자들이 각각 그 힘대로 유대에 사는 형제들에게 부
조를" 했다고 표현한다. 그것을 안디옥교회의 지도자 중 바나바와
사울을 통해 전달했다(11:27-30).

누가는 이 사실을 다시금 강조하고 있다. 안디옥교회의 특징이
여기서 다시 한번 드러났다. 게다가 바나바와 사울은 돌아오는 길에
마가 요한을 데리고 왔다. 이 사람은 베드로를 위해 기도하던 성도들
이 모여 있던 집의 주인 마리아의 아들이었다. "깨닫고 마가라 하는

요한의 어머니 마리아의 집에 가니 여러 사람이 거기에 모여 기도하고 있더라"(행 12:12). 이 마가 요한은 곧이어 바나바와 사울과 더불어 안디옥에서 출발하는 선교여행을 함께하게 될 것이다.

안디옥교회, 선교에 힘쓰는 교회

안디옥교회의 또 다른 특징, 한 가지는 바로 복음 전파에 힘쓰는 교회였다. 안디옥교회의 리더들에게 성령님은 바나바와 사울, 두 지도자가 여러 지역을 순회하며 복음을 증거하는 선교사가 되게 하라고 지시하셨다. 그런데 바나바는 이제 막 기반을 잡아가는 안디옥교회의 대표격인 리더였다. 사울 또한 안디옥교회 지도자 중 합류한 시기가 가장 늦어서 명단의 마지막에 이름을 올렸을 테지만 핵심적 역할을 하는 리더였다.

그 두 사람을 동시에 해외 선교사로 보낸다면 안디옥교회의 앞날을 걱정해야 할지 몰랐다. 그러나 안디옥교회의 남은 지도자들은 하나님이 두 사람을 인도해 주시기를 간구했고 그들을 안수하여 선교사로 파송하였다.

이렇게 안디옥교회는 이웃 사랑을 실천하기 위한 구제와 복음 전파를 지향하는 교회였음을 알 수 있다. 교회는 체계가 잡힌 후에만 구제하고 선교하는 것이 아니다. 적어도 구제와 선교는 교회가 시작할 때부터 추진해야 할, 교회의 본질적 사역임을 알 수 있다.

이웃 사랑의 실천을 위한 구제와 복음 전도는 교회의 사명일 뿐만 아니라 일터에서 '흩어진 교회'의 정체를 가진 우리 크리스천 직업인의 사명이기도 하다! 우리가 힘써야 할 구제와 복음 전도를 구체적으로 계획하고 시작해 보아야 한다.

"사람들을 돕고 사람들을 보내기를 원하시는 하나님, 우리
의 교회가 구제하고 선교하는 공동체가 되게 하소서. 우리
일터의 선교회가 이런 기본적인 사역을 감당하게 인도해
주소서. 저 자신도 이 귀한 형제 사랑의 사명을 실천하게 하여 주소서."

02

효과적 전략을 세우고
성령 충만하여 전도하라

옛 소련의 스탈린 시대에 보리스 코른펠드라는 유대인 의사가 시베리아의 강제 수용소에 수용되었다가 한 크리스천에게 전도 받아 예수님을 믿었다. 당시 유대인들은 러시아 정교회의 박해를 받던 터라 기독교로 개종하는 경우가 흔치 않았다. 회심한 코른펠드는 하나님의 놀라운 사랑을 실천하기로 했다. 수용소에 한 젊은이가 대장암으로 고생하고 있었지만 수용소에서도 의사로 일하던 코른펠드의 수술 환자 명단에는 없었다. 그러나 코른펠드는 중환자는 치료하지 말라는 당국의 지시를 어기고 그를 수술해 주었다. 물론 그 일로 더욱 어려움에 빠졌다. 코른펠드는 젊은이 곁에서 밤늦도록 이야기를 나누며 하나님과 예수 그리스도의 구원 소식에 대해서 증거했다. 안타깝게도 보리스 코른펠드는 환자의 빵을 훔쳐 먹는 불의를 고발한 일에 앙심을 품은 당번들에게 살해당하고 말았다. 그런데 이 유대인 의사가 수술해 주고 복음을 전해 회복된 젊은이가 누구인지 아는가? 그가 바로 알렉산드르 솔제니친이었다.

안디옥교회의 선교사로 파송받은 바나바와 사울이 효과적 전략과 함께 성령에 충만하여 선교한 기록을 볼 수 있다. "두 사람이 성령의 보내심을 받아 실루기아에 내려가 거기서 배 타고 구브로에 가서 살라미에 이르러 하나님의 말씀을 유대인의 여러 회당에서 전할새 요한을 수행원으로 두었더라. 온 섬 가운데로 지나서 바보에 이르러 바예수라 하는 유대인 거짓 선지자인 마술사를 만나니 그가 총독 서기오 바울과 함께 있으니 서기오 바울은 지혜 있는 사람이라. 바나바와 사울을 불러 하나님의 말씀을 듣고자 하더라. 이 마술사 엘루마는 (이 이름을 번역하면 마술사라) 그들을 대적하여 총독으로 믿지 못하게 힘쓰니 바울이라고 하는 사울이 성령이 충만하여 그를 주목하고 이르되 모든 거짓과 악행이 가득한 자요 마귀의 자식이요 모든 의의 원수여 주의 바른 길을 굽게 하기를 그치지 아니하겠느냐. 보라. 이제 주의 손이 네 위에 있으니 네가 맹인이 되어 얼마 동안 해를 보지 못하리라 하니 즉시 안개와 어둠이 그를 덮어 인도할 사람을 두루 구하는지라. 이에 총독이 그렇게 된 것을 보고 믿으며 주의 가르치심을 놀랍게 여기니라"(행 13:4-12).

효과적인 장소를 찾고 전략적으로 전도하니…

안디옥교회에서 파송한 두 선교사 바나바와 사울은 부조하는 일로 예루살렘에 갔을 때 데리고 온 마가라고 하는 요한을 수행원으로 삼고 선교를 시작했다. 성령님의 보내심을 받은 그들은 구브로 섬의 살라미에 가서 전도사역을 시작하며 유대인의 여러 회당에서 복음을 전했다. 가장 효과적인 복음 전파의 장소를 찾는 선교 전략을 볼 수 있다. 당시 회당은 흩어진 유대인들의 예배 장소이고 그들의 생활 중심지 역할을 했다. 이방인을 향한 선교를 목표로 파송받았지만 먼저 유대인들을 복음 전파의 접촉점으로 삼았다.

또한 구브로 섬은 바나바에게 특별한 지역이다. 구브로는 바나바의 고향이었다(행 4:36). 특별하게 설명하여 알려주는 바는 없지만 구브로는 바나바와 선교팀이 선교를 시작하기에 친숙하고 효과적인 지역이었다. 친근한 장소를 택해 접하기 쉬운 사람들을 먼저 만나 복음을 전하려는 의도된 선교 전략을 볼 수 있다.

또한 선교팀이 실루기아까지 내려간 길은 로마가 정복과 교역을 위해 닦아 놓은 길이었다. 이렇게 선교팀은 복음 전파에 유익한 조건들을 최대한 활용하여 복음을 전하고 있다. 우리가 일터에서 전도할 때도 이렇게 관계로 연결된 사람들이 모이는 곳이나 동아리 등 공동의 목표를 가진 커뮤니티를 전략적으로 목표로 삼아 전도할 수 있다.

성령 충만하여 악행을 책망하며 전도하니…

구브로 섬을 가로질러 가며 전도하면서 바나바 일행은 구브로의 총독 서기오 바울을 전도의 대상으로 삼았다. 총독의 측근에는 유대인 거짓 선지자요 마술사인 엘루마가 있었기에 의도적으로 바나바와 사울이 총독을 전도 대상자로 삼았을 것이다. 총독이 바나바와 사울에게 말씀을 들으려고 했을 때 기회가 왔다(7절). 바울이라고 하는 사울이 성령이 충만하여 엘루마를 주목하고 악행을 책망하며 얼마 동안 해를 보지 못한다고 담대하게 외쳤다(10-11절). 하나님 능력의 손이 쳐서 엘루마의 눈이 보이지 않게 된 이적을 직접 확인한 총독 서기오 바울은 하나님을 믿고 복음을 놀랍게 여기며 환영했다.

우리의 일터에서도 영향력을 행사하는 일정한 지위에 있는 사람들이 예수님을 믿을 수 있도록 하나님께 기도하며 전도하면 좋겠다.

지위가 높은 사람만 전도해야 하는 것은 아니지만 영향력을 미칠 만한 사람들을 전도하면 복음 전파에 효과적일 수 있다. 기록하지는 않지만 총독의 회심으로 인해 구브로 섬에 하나님을 믿어 구원받은 사람들이 여러 명 있었을 듯하다.

일터에서 효과적인 전도를 위해 회사의 모임에도 관심 가지고 참여할 수 있으면 좋다. 우리 일터에서 영향력을 미치는 윗사람을 전도하기 위해서도 노력해야 한다. 우리 가정과 집안에서도 믿지 않는 '어르신'을 전도하기 위해 노력하며 바나바와 바울에게 배우는 효과적 전도법을 실천해 볼 수 있다.

"하나님 아버지, 효과적 전략을 세워 전도할 수 있는 지혜를 허락하여 주소서. 바울처럼 악한 마귀의 역사를 물리치고 전도의 현장에서 하나님의 능력을 나타낼 수 있도록 성령 충만하게 하여 주소서."

>>> 사도행전 13:13-16, 46-49

03 복음을 준비하여
기회를 놓치지 말라

안디옥교회의 파송을 받은 선교팀을 이끌었던 리더는 바나바였
다. 그런데 "바울과 및 동행하는 사람들"(13절)이라는 표현이 선교팀
리더십에 관한 두 가지 변화를 보여준다. 사울의 이름이 "바울이라
고 하는 사울"(9절)이라는 구브로 섬 전도 때의 변화 과정을 거쳐 '바
울'로 불리기 시작했다. 여러 견해가 있으나 유대식 이름과 헬라식
이름을 동시에 가지고 있던 사울이 이방 선교를 하면서 헬라식 이름
바울로 바꾸어 부르게 된 자연스러운 선택으로 보인다.

그리고 "바울과 및 동행하는 사람들"이라는 표현은 이제 바울이
선교팀을 주도하게 되었음을 알려준다. 구브로의 총독 서기오 바울
앞에서 이적을 행하며 총독을 회심시킬 때부터 이미 바울은 선교팀의
새로운 리더로 등장했다(9-12절). 비시디아 안디옥에 이르기 전 버가
에서 바나바의 조카였던 요한이 선교팀을 떠나 예루살렘으로 돌아간
일도(13절 하) 리더십의 변화가 작용하지 않았는지 추측해 본다.

비시디아 안디옥에서 선교했던 바울의 선교팀 이야기를 들어보
자. "바울과 및 동행하는 사람들이 바보에서 배 타고 밤빌리아에 있

는 버가에 이르니 요한은 그들에게서 떠나 예루살렘으로 돌아가고 그들은 버가에서 더 나아가 비시디아 안디옥에 이르러 안식일에 회당에 들어가 앉으니라. 율법과 선지자의 글을 읽은 후에 회당장들이 사람을 보내어 물어 이르되 형제들아 만일 백성을 권할 말이 있거든 말하라 하니 바울이 일어나 손짓하며 말하되 이스라엘 사람들과 및 하나님을 경외하는 사람들아 들으라. …바울과 바나바가 담대히 말하여 이르되 하나님의 말씀을 마땅히 먼저 너희에게 전할 것이로되 너희가 그것을 버리고 영생을 얻기에 합당하지 않은 자로 자처하기로 우리가 이방인에게로 향하노라. 주께서 이같이 우리에게 명하시되 내가 너를 이방의 빛으로 삼아 너로 땅 끝까지 구원하게 하리라 하셨느니라 하니 이방인들이 듣고 기뻐하여 하나님의 말씀을 찬송하며 영생을 주시기로 작정된 자는 다 믿더라. 주의 말씀이 그 지방에 두루 퍼지니라"(행 13:13-16, 46-49).

복음을 전할 기회를 잘 포착하라

선교팀의 새로운 리더가 된 바울은 비시디아 지방의 안디옥에 이르러 전도했다. 안디옥에서도 바울 일행은 안식일에 회당에 들어가서 전도할 기회를 모색했다. 말씀을 낭독하는 순서가 있고 난 뒤 마침 회당장이 설교할 사람을 찾았다. 통상 회당을 방문한 랍비들에게 설교의 기회를 주는 관행이 있었다. 이때 바울은 일어나 손짓으로 자신의 의사를 표현하며 설교를 시작했다. 아마도 기다렸다는 듯이 회당 예배에 참석하면 얻을 수 있는 가장 합법적인 복음 전파의 기회를 놓치지 않으려는 바울의 열의가 느껴진다.

당시 이방인들의 도시에 살던 흩어진 유대인들은 열 명 이상 모이면 세우는 회당을 중심으로 하나님께 예배하는 신앙생활을 했다. 성경을 부지런히 읽고 연구하던 유대인들은 잘못된 메시아 관 때문에 군사적 메시아가 아닌 세상 죄를 지고 가는 하나님의 어린양으로 오신 종이자 왕이신 예수님을 배척했다. 바울과 바나바는 이런 유대인들을 도외시하지 않고 그들에게 접촉점을 찾아 복음을 전하여 예수님을 믿게 하려고 노력했다.

말씀을 준비하여 사람들을 믿게 하라

기회를 얻은 바울은 유대인들을 향해 설교했다. 사도 바울은 구약시대의 역사를 언급하고 그 역사와 연결하여 자연스럽게 예수 그리스도를 전했다. 핵심을 명쾌하게 제시한다. "하나님이 약속하신 대로 이 사람의 후손에서 이스라엘을 위하여 구주를 세우셨으니 곧 예수라"(23절). 시편 말씀과 선지서 말씀을 인용하면서 유대인들이 수긍할 수 있도록 예수 그리스도의 메시아 되심을 전했다. "그러므로 형제들아 너희가 알 것은 이 사람을 힘입어 죄 사함을 너희에게 전하는 이것이며 또 모세의 율법으로 너희가 의롭다 하심을 얻지 못하던 모든 일에도 이 사람을 힘입어 믿는 자마다 의롭다 하심을 얻는 이것이라"(38-39절). 바울은 바로 이 사람 예수님이, 이스라엘에 대한 하나님의 약속이 성취된 증거라고 설교한다. 그리고 하박국 1장 5절 말씀을 인용하며 하나님의 구원 메시지를 멸시하면 멸망 받을 것이라고 경고했다(40-41절).

그러자 사람들은 바울에게 다음 주 회당예배에도 와서 말씀을 전해달라고 부탁했다(42절). 감화를 받은 것이다. "그 다음 안식일에는 온 시민이 거의 다 하나님의 말씀을 듣고자 하여"(44절) 모였다고 표현할 정도로 많은 사람이 모였다. 그래서 유대인들 중에 바울과 바나바를 시기하고 배척하여 그 지역에서 쫓아냈지만 많은 이방인들도 예수를 믿는 놀라운 역사가 일어났다(48-52절). 먼저 유대인들에게 복음을 전했지만 그들의 거부로 바울과 바나바는 "우리가 이방인에게로 향하노라"(46절)고 선언하고 앞으로 이방인들에게 더욱 주목하며 복음을 전할 것이다.

하나님의 능력의 복음이 "먼저는 유대인에게요. 그리고 헬라인에게로다"(롬 1:16)라는 순서와 패턴을 자주 반복하며 바울의 선교팀은 복음을 전할 것이다. 바울처럼 우리도 복음을 전할 준비를 잘해서 일터에서 복음을 전할 기회가 주어질 때 기도하며 복음을 전할 수 있어야 한다.

"하나님 아버지, 하나님의 의가 나타난 복음을 일터의 사람들에게 전할 기회를 포착할 수 있게 도와주소서. 늘 관심을 가지고 사람들을 살릴 복음을 전할 준비를 할 수 있도록 복음의 열정을 우리에게도 허락해 주소서."

04

구원받을 만한 믿음,
눈에 보이는 믿음

제1차 선교여행을 떠난 바울의 선교팀은 비시디아 안디옥을 떠나 두 번째 도시인 이고니온에서 복음을 전했다. 이고니온은 루가오니아 지방의 수도로 비옥한 농경지의 중심에 있었다. 이고니온에서도 바울은 회당에서 먼저 복음을 전해 많은 유대인과 이방인이 회심했다(행 14:1). 그러나 믿지 않는 유대인들이 이방인들을 선동해서 어려움도 있었다. 바울과 바나바가 오래 머물며 담대히 복음을 전하고 하나님이 그들의 손을 통해 표적과 기사를 행하게 하셨지만 유대인을 따르는 사람들도 있었다.

하나님의 이적도 모든 유대인을 설득하지는 못했다. 기도하며 복음을 전하고 성령님께 맡길 수밖에 없었다. 바울과 바나바는 이방인과 유대인과 관리들이 돌을 들어 치려는 박해를 피해 루가오니아의 다른 성 루스드라와 더베와 그 근처로 피신해 갈 수밖에 없었다(행 14:1-7). 그러나 그렇게 피해 간 바로 그곳에서 또 새로운 복음 전파의 기회가 주어졌다. 하나님의 인도하심이었다.

루스드라에서 또 어떤 복음의 역사가 일어났는지 확인해 보자.

"루스드라에 발을 쓰지 못하는 한 사람이 앉아 있는데 나면서 걷지 못하게 되어 걸어 본 적이 없는 자라. 바울이 말하는 것을 듣거늘 바울이 주목하여 구원받을 만한 믿음이 그에게 있는 것을 보고 큰 소리로 이르되 네 발로 바로 일어서라 하니 그 사람이 일어나 걷는지라. 무리가 바울이 한 일을 보고 루가오니아 방언으로 소리 질러 이르되 신들이 사람의 형상으로 우리 가운데 내려오셨다 하여 바나바는 제우스라 하고 바울은 그 중에 말하는 자이므로 헤르메스라 하더라"(행 14:8-12).

말씀을 듣는 믿음, 구원받을 만한 믿음

루스드라 전도에 대해서 누가는 발을 쓰지 못하여 나면서부터 걸어본 적이 없는 한 지체장애인이 구원받은 일에 대해 기록하고 있다. 그런데 한 사람이 가진 믿음은 눈에 보이는 것인가? 말씀을 열심히 듣고 있는 지체 장애인을 본 바울은 그에게 병 고침을 얻을만한 믿음이 있는 것을 보았다. 믿음을 통해 병 고침 받는 일은 성경에서 여러 차례 입증되었다. 예수님도 보여주셨고("예수가 여자에게 이르시되 네 믿음이 너를 구원하였으니 평안히 가라 하시니라"(눅 7:50)), 사도들도 보여주었다("그 이름을 믿음으로 너희가 보고 아는 이 사람을 성하게 하였나니 예수로 말미암아 난 믿음이 너희 모든 사람 앞에서 이같이 완전히 낫게 하였느니라"(행 3:16)). 이렇게 병에서 고침받는 일이 가능하게 하는 '믿음'이 바울의 눈에 보였다는 점이 중요하다. 바울이 그 장애인에게 하나님을 전적으로 의지하는 믿음이 있는 것을 영적인 안목으로 확인했다. 아마도 그 믿음은 말씀을 듣는 진지한 태도를 통해서도 확인할 수 있었을 듯하다.

하나님께 영광 돌리는 자가 행하는 이적

바울이 지체 장애인을 향해 큰 소리로 "네 발로 바로 일어서라"고 외쳤다. 그러자 이 사람이 벌떡 일어나 걸었다. 하나님의 놀라운 이적이 다시 나타났다. 유대인을 위한 사도인 베드로가 성전 미문 앞에서 한 지체장애인을 낫게 했다(행 3장). 이제 이방인을 위해 복음 전하는 사도 바울이 놀라운 이적을 통해 지체장애인을 일으켰다. 하나님의 능력이 이렇게 유대인과 이방인을 가리지 않고 나타났다. 그런데 이때 이고니온에서 돌을 들어 치려 했던 박해는 아니지만 복음 전파에 큰 장애가 될 만한, 전혀 예상하지 못했던 사건이 벌어졌다.

이방인들이 사람의 형상으로 나타난 신이라고 소리치며 바울과 바나바에게 제사를 드리려고 했다. 바나바는 제우스라 하고 바울은 말을 하니 헤르메스라 했다. 이때 바울과 바나바는 필사적으로 자신들을 향한 제사를 막으며 복음을 전했다. 자신들과 같은 사람들에게 제사를 지내는 헛된 일을 버리라고 했다. 복음을 전하는 이유는 천지 만물을 지으시고 살아 계신 하나님께 돌아오게 하려 함이라고 했다. 세상 사람들이 하나님을 모르고 자기 길을 가지만 하늘로부터 비를 내리고 곡식과 열매를 자라게 하시며 먹이신 하나님을 믿으라고 간곡하게 호소했다(15-17절). 지체장애인을 회복시킨 분이 바로 그 하나님이라고 하나님께 영광을 돌렸다. 바울과 바나바는 일반은총에 강조점을 둔 복음의 핵심을 통해 다시 한번 하나님의 말씀을 증거했다.

바울과 바나바가 복음을 전할 때 하나님의 능력으로 인한 이적을 봐도 믿지 않는 사람이 있었다. 말씀을 듣는 사람들은 믿었다. 말씀

을 잘 들어 믿음으로 구원받는 구원의 길을 우리 일터의 동료들에게
도 소개할 수 있어야 한다. "그러므로 믿음은 들음에서 나며 들음은
그리스도의 말씀으로 말미암았느니라"(롬 10:17).

 "말씀으로 세상을 창조하신 하나님, 하나님의 구원 역사가
말씀을 통해 일어나니 감사합니다. 말씀을 들어 구원받게
하셨으니 말씀을 통해 놀라운 구원 역사가 오늘 우리의 일
터에서도, 세상에서도 일어나게 인도해 주소서."

바울의 3단계 제자훈련

　　바울과 바나바가 했던 전도의 특징은 한곳에 오래도록 충분히 머물러 교회를 세우고 전도하기는 힘들었던 점이다. 물론 박해나 여건이 허락하지 않은 경우가 많았다. 이후에는 성령님의 인도하심으로 계획을 바꾸기도 했다. 따라서 복음을 전해 교회를 세운 지역에, 떠나기 전에 최대한 효과적인 훈련을 통해 사역자들을 준비시켜 사역할 수 있도록 해야 했다. 머무는 기간이 길지 않으니 이런 제자훈련이 매우 힘들었을 것은 당연하다. 하지만 바로 그 일을 바울과 바나바가 하고 있었다는 점이 중요하다. 바울의 제자훈련 방법을 3단계로 정리하며 확인해 볼 수 있다.

　　사도 바울과 바나바가 어떻게 제자훈련을 했을지 주의 깊게 살펴보자. "유대인들이 안디옥과 이고니온에서 와서 무리를 충동하니 그들이 돌로 바울을 쳐서 죽은 줄로 알고 시외로 끌어 내치니라. 제자들이 둘러섰을 때에 바울이 일어나 그 성에 들어갔다가 이튿날 바나바와 함께 더베로 가서 복음을 그 성에서 전하여 많은 사람을 제자로 삼고 루스드라와 이고니온과 안디옥으로 돌아가서 제자들의 마음을 굳게 하여 이 믿음에 머물러 있으라 권하고 또 우리가 하나님의 나라에 들어가려면 많은 환난을 겪어야 할 것이라 하고 각 교회에서 장로들을 택하여 금식 기도하며 그들이 믿는 주께 그들을 위탁하고 비시디아 가운데로 지나서 밤빌리아에 이르러 말씀을 버가에서 전하고 앗달리아로 내려가서 거기서 배 타고 안디옥에 이르니 이곳은 두 사도가 이룬 그 일을 위하여 전에 하나님의 은혜에 부탁하던 곳이라. 그들이 이르러 교회를 모아 하나님이 함께 행하신 모든 일과 이방인들에게 믿음의 문을 여신 것을 보고하고 제자들과 함께 오래 있으니라(행 14:19-28).

첫째, 체험적인 교훈으로 양육한다

바울의 제자훈련 첫 번째 단계는 '체험적인 교훈으로 양육하기'이다(19-22절). 바울이 소아시아 지방에서 전도하는 중에 행한 제자훈련은 체험적 교훈을 가르친 특징이 있었다. 믿음에 머물러 있으라고 권하고 환난을 감당하라고 했던 교훈은 특히 체험적이어서 설득력이 있었다. 바울과 바나바가 복음을 전하면서 겪은 박해를 토대로 한 교훈이었다. 유대인 무리가 바울을 돌로 쳐서 죽은 줄 알고 시외로 끌어 내쳤다. 그런데 바울이 살아났다(19절). "우리가 하나님의 나라에 들어가려면 많은 환난을 겪어야 할 것"(22절)이라고 했던 바울의 교훈은 사람들의 마음에 깊이 새겨지지 않을 수 없었다.

둘째, 리더를 세운다

바울의 두 번째 제자훈련 단계는 '리더를 세우기'이다(23절). 바울과 바나바는 위험한 일을 겪었으면서도 루스드라와 이고니온과 안디옥으로 돌아갔다(21절). 그리고 각 지역에 있는 교회를 이끌어갈 리더들을 세웠다. 지역별로 교회의 장로들을 세워 금식 기도하면서 주님께서 그들을 붙들어 주시기를 부탁했다. 마치 안디옥교회에서 바울과 바나바를 금식하며 기도하여 선교사로 파송했던 것처럼(행 13:3) 교회에 세운 리더들을 하나님이 인도하시기를 간절히 바라며 기도했다.

셋째, 오래 함께 있기

바울의 세 번째 제자훈련 단계는 '오래 함께 있기'이다(24-28 절). 또 한 가지 제자훈련의 방법은 양육 받을 제자들과 오래 함께 있으면서 말씀으로 교제하는 것이다. 그들이 파송 받은 '모교회'가 있는 안디옥으로 돌아온 바울과 바나바는 안디옥교회 성도들과 오래 함께 있었다. 아마도 두 번째 선교여행을 떠나기 전까지 예루살렘 회의 등 중요한 일들이 있었고 처음으로 행한 이방인 선교를 반추할 시간도 필요했기 때문이다. 그렇게 오래 함께 있는 것이 제자훈련의 방법이기도 하다. 물론 선교 현장의 여건상 안디옥에 돌아와 오래 있은 기간 만큼 바울이 한 선교지에서 오래 머물지는 못했을 듯하다.

하지만 루스드라와 이고니온으로 위험을 무릅쓰고 다시 돌아가 리더들을 세우며 성도들을 섬기도록 위탁한 것은 '오래 함께 있기'를 시도한 좋은 예이다. 이렇게 오래 함께 있기는 예수님이 제자들을 훈련하실 때도 사용하신 방법이었다. 예수님이 사도들을 선택하신 후 "자기와 함께 있게 하시고"(막 3:14) 훈련하여 전도도 하고 능력도 행하게 하셨다.

바울의 제자훈련 3단계를 일터에 적용할 수 있다. 일터의 동료들과 함께하면서 자신의 '간증'을 들려주고 기회를 만들어 복음을 전하고 양육할 수 있다. 그중에서 리더로 세울 사람들을 찾고 할 수 있는 한 오래 함께 있는 시간과 여건을 만들면 좋겠다. 일터의 선교회를 통해 바울의 제자훈련 방법을 적용해 볼 수 있다.

"하나님 아버지, 여러 곳으로 이동하면서 전도했던 바울도 전도 받은 사람들을 양육하기 위해 노력했습니다. 저는 적어도 바울보다는 오랜 시간을 함께 일하는 동료들을 전도하고 양육하고 계승하는 일을 잘 감당할 수 있도록 주님이 함께하여 주소서."

06

>>> 사도행전 15:4-11, 28-29

갈등이 있을 때
한 발짝만 물러서라

기러기들은 날아갈 때 한 줄 혹은 V자형으로 무리를 지어 날아간다. 그렇게 하면 혼자 날아갈 때보다 훨씬 힘을 덜 들이고 날아갈 수 있기 때문이다. 앞에 있는 기러기가 날면서 내는 바람이 뒤에 있는 기러기를 올려주고, 뒤에 있는 기러기가 날면서 내는 바람이 앞에 있는 기러기를 올려준다. 그래서 함께 날면 혼자 날 때보다 71%나 에너지를 줄여준다고 한다. 직장생활이나 교회, 가정 등의 공동체에서도 갈등이 생길 수 있으나 뜻을 합하면 훨씬 더 쉽게 문제들을 해결할 수 있다.

예루살렘교회가 경험한 갈등의 상황에서 어떻게 문제를 해결하는지 알려준다. "예루살렘에 이르러 교회와 사도와 장로들에게 영접을 받고 하나님이 자기들과 함께 계셔 행하신 모든 일을 말하매 바리새파 중에 어떤 믿는 사람들이 일어나 말하되 이방인에게 할례를 행하고 모세의 율법을 지키라 명하는 것이 마땅하다 하니라. 사도와 장로들이 이 일을 의논하러 모여 많은 변론이 있은 후에 베드로가 일어나 말하되 형제들아 너희도 알거니와 하나님이 이방인들로 내

입에서 복음의 말씀을 들어 믿게 하시려고 오래전부터 너희 가운데서 나를 택하시고 또 마음을 아시는 하나님이 우리에게와 같이 그들에게도 성령을 주어 증언하시고 믿음으로 그들의 마음을 깨끗이 하사 그들이나 우리나 차별하지 아니하셨느니라. 그런데 지금 너희가 어찌하여 하나님을 시험하여 우리 조상과 우리도 능히 메지 못하던 멍에를 제자들의 목에 두려느냐. 그러나 우리는 그들이 우리와 동일하게 주 예수의 은혜로 구원받는 줄을 믿노라 하니라. …성령과 우리는 이 요긴한 것들 외에는 아무 짐도 너희에게 지우지 아니하는 것이 옳은 줄 알았노니 우상의 제물과 피와 목매어 죽인 것과 음행을 멀리할지니라. 이에 스스로 삼가면 잘되리라 평안함을 원하노라 하였더라"(행 15:4-11, 28-29).

문제 되지도 않을 일을 트집 잡는 사람들

바울과 바나바가 제1차 선교여행을 마치고 안디옥으로 돌아온 후 그곳에 머물러 있을 때 선교에 관해 트집 잡는 사람들이 있었다. 바울 일행이 전도하여 많은 이방인이 복음을 받아들인 일에 대해서 문제를 제기했다. 유대 땅에서 안디옥까지 찾아온 그들은 복음을 들은 이방인들이 율법을 따라 할례를 받아야만 구원받는 것이라고 엉뚱한 주장을 했다. 바울과 바나바는 이 문제 제기에 대해 적극적으로 비판하고 변론했다. 하지만 사실 이런 문제는 너무도 소모적인 논쟁이었다.

문제를 공론화해 해결하는 방법

결국 이 문제를 해결하기 위해 안디옥교회 성도들은 사도들이 있는 예루살렘에 가서 문제를 해결하려고 했다. 그래서 사도들과 장로들이 모여 총회를 열었고 이 심각한 갈등과 논쟁이 공론화되었다. 이렇게 갈등의 상황을 공개하고 구체적 논의의 마당으로 끌어내는 일이 문제의 해결을 위해 유익한 때도 있다. 바울과 바나바는 그때가 바로 그럴 상황이라고 판단했다. 복음을 들은 이방인들이 다시 할례를 받아야 한다는 주장은 하나님의 구원 사역의 핵심에 관한 문제였기에 그냥 지나치고 무시할 수 없었기 때문이다. 결국 이 모임에서 베드로가 자신이 경험했던 일을 말하며 바울의 입장을 변호해주었다. 베드로는 하나님이 유대인인 자신들에게 성령님을 보내신 것처럼 이방인들에게도 성령님이 임하게 하셨음을 자신의 경험으로 입증해 주었다. 하나님이 믿음으로 그들의 마음을 깨끗하게 해서 전혀 차별이 없었다고 증언했다. 이스라엘 조상들과 자신들도 능히 메지 못하던 멍에를 새로 믿음을 가진 이방인 제자들에게 지우는 것은 잘못되었다고 베드로가 단호하게 말했다.

한 발씩 물러서서 문제를 해결하는 방법

그러자 당시 예루살렘교회의 지도자였던 야고보는 적절한 타협안을 내어놓았다. 먼저 유다와 실라 두 사람을 전도팀을 돕는 사역자로 보내기로 했다. 그리고 이방인이었다가 회심한 자들이 할례를 받을 필요는 없다고 결정했다. 주 예수의 은혜로 구원받는다는 점을 분명히 했다. 다만 우상의 제물과 음행을 멀리하고 유대인의 음식 규례 중 피와 목매어 죽은 것은 먹지 말라고 요구했다. 물론 이 제한 사항이 복음의 핵심은 아니지만 첨예하게 대립하는 양측의 주장에서 한 발씩 물러난 타협안이었다고 볼 수 있다. 결국 최초로 열린 교회 회의인 예루살렘 총회에서는 이방인을 대상으로 하는 복음 전도에 대한 문제의 해결 방법을 그렇게 찾았다.

일터에서도 큰 문제가 되지도 않는 일을 트집 잡는 사람들이 간혹 있다. 그 문제를 감추지 않고 공론화해서 해결의 길을 모색할 수 있다. 상황을 잘 파악해서 한 발씩 물러나는 중재안을 찾는 양보의 미덕을 발휘하는 방법도 지혜로운 해결책일 수 있다.

 "하나님 아버지, 갈등과 문제가 있는 것이 결코 큰 문제는 아님을 알게 하소서. 갈등을 무시하거나 미봉하지 않겠습니다. 어려움을 해결할 수 있고 그로 인해 공동체가 바람직한 방향으로 나아갈 수 있도록 주님이 인도해 주소서."

07

의견이 맞지 않아도
모색할 발전적 방향

   조너선 스위프트의 풍자소설 「걸리버 여행기」에 보면 소인국의 사람들이 큰 전쟁을 벌여서 수만 명이 죽는 일이 나온다. 그 싸움의 발단은 삶은 계란을 먹을 때 계란의 넓은 쪽 끝을 먼저 깨뜨리느냐, 아니면 좁은 쪽 끝을 먼저 깨뜨려서 껍질을 벗기느냐 하는 문제였다. 이 사소한 문제 때문에 두 편으로 의견이 갈라졌고, 결국에는 큰 전쟁이 되었다. 이 책의 저자 조나단 스위프트는 많은 사람이 사소한 문제에 그토록 골몰하고 소모적인 싸움을 한다고 지적하고 있다. 우리의 일터나 가정, 교회, 우리 사회, 우리나라뿐 아니라 세계 곳곳에서도 이런 일이 자주 벌어지지 않는가?

   두 번째 선교여행을 앞두고 바울과 바나바 갈등을 겪는다. 어떻게 갈등에 대처하는지 살펴보자. "바울과 바나바는 안디옥에서 유하며 수다한 다른 사람들과 함께 주의 말씀을 가르치며 전파하니라. 며칠 후에 바울이 바나바더러 말하되 우리가 주의 말씀을 전한 각 성으로 다시 가서 형제들이 어떠한가 방문하자 하고 바나바는 마가라 하는 요한도 데리고 가고자 하나 바울은 밤빌리아에서 자기들을 떠나 함께 일하러 가지 아니한 자를 데리고 가는 것이 옳지 않다 하여 서로 심히 다투어 피차 갈라서니 바나바는 마가를 데리고 배 타고 구브로로 가고 바울은 실라를 택한 후에 형제들에게 주의 은혜에 부탁함을 받고 떠나 수리아와 길리기아로 다니며 교회들을 견고하게 하니라"(행 15:35-41).

새로운 일을 시작했으나 의견이 맞지 않을 때

바울과 바나바가 예루살렘에서 열린 회의에 참석해 이방인들을 대상으로 전도한 제1차 선교여행에 대한 사도들의 인정을 받은 일은 매우 바람직한 성과였다. 예루살렘교회에서 보내준 동역자들도 데리고 온 바울과 바나바는 안디옥에 머물면서 안디옥교회 성도들을 주의 말씀으로 가르쳤다. 일정 기간이 지난 후 바울이 바나바에게 제1차 선교여행을 했던 지역을 돌아보고 믿음을 가진 성도들을 양육하기 위한 두 번째 선교여행을 떠나자고 제안했다.

선교여행을 떠나는 일에는 이견이 없었으나 문제가 생겼다. 선교팀의 동역자를 세우는 일에 있어서 바울과 바나바의 의견이 충돌했다. 바나바는 예전에 제1차 선교여행을 하다가 도중에 예루살렘으로 돌아간 마가를 다시 데리고 가자고 했다. 그러나 바울은 마가를 데리고 갈 수 없다면 단호하게 반대했다. 이런 상반된 입장은 사람 중심인 바나바와 일 중심인 바울의 의견 차이 때문이라고 추측할 수 있다. 바나바는 조카이기도 한 마가에게 다시 한번 기회를 주자는 의도였을 듯하다. 바울은 공적인 선교 사역에 사적 감정은 배제하고 주님의 일을 위해 충성스러운 사람을 다시 뽑아 동행해야 한다고 자기주장을 굽히지 않았다.

갈라서더라도 발전적 방향을 모색하라

결국 의견 차이를 좁히지 못하고 두 사람은 헤어졌다. 바나바는 마가를 데리고 구브로 섬으로 갔고 바울은 예루살렘교회가 추천한 실라와 함께 소아시아 지방으로 떠났다. 그런데 이렇게 의견이 맞지 않아 갈라선 결과론이지만, 이때부터 두 개의 선교팀이 각각 선교 사역을 하게 된 것이니 이것이야말로 '발전적인 결별'이 아니었을까 생각해 본다. 후일 바나바의 행적에 대한 성경 기록은 없다. 하지만 바울이 뒷날 마가를 불러 동역했던 것을 보면(딤후 4:11) 이들의 결별에 부정적 영향만 있지는 않았다. 나중에 바울이 마가를 용납했다. '목표'와 '사람' 사이의 갈등 해결이 쉽지 않다. 목표와 사람은 양자택일의 상황만은 아니기에 문제를 풀기가 만만치 않다. 둘 중 하나만 선택하면 되는 것이 아니라 언제나 둘이 함께 가야 한다고 보면 좋다.

제2차 세계대전 때 프랑스의 어느 시골 마을에서 한 미군 병사가 전사했는데 동료들이 교회 옆 묘지에 동료를 묻어주려고 했다. 하지만 늙은 신부는 서툰 영어로 미안하다면서 같은 신앙을 가진 사람이 아니면 교회 묘지에 묻어줄 수 없다고 했다. 허탈하게 떠나려는 병사들에게 신부는 이렇게 말했다.

"그렇지만 교회 울타리 밖에 묻는 것은 괜찮습니다."

병사들은 화가 났지만 묘지 울타리 밖에 전우를 묻어주었다. 다음 날 전선을 옮기라는 명령에 동료를 묻었던 교회의 묘지에 들렀다가 가려고 찾았으나 찾을 수가 없었다. 어리둥절해진 병사들이 교회 문을 두드려 신부에게 묻자 신부가 말했다.

"어젯밤 당신들이 떠난 후 잠을 이룰 수가 없었습니다. 그래서 오늘 아침 일찍 일어나서 묘지의 울타리를 옮겨 놓았습니다"(마이클 야코넬리, 「마이클 야코넬리의 영성」, 아바서원 펴냄, 218-220).

    뒷날 바나바와 바울이 갈등을 빚었던 일을 털어놓고 화해했다고 추측해 볼 수도 있다. 좋은 목표를 가지고 일을 시작해도 의견이 맞지 않아 갈등을 겪을 수 있다. 바울과 바나바의 갈등을 보면서 일할 때 공사 구별에는 철저하되 실수했던 사람에게도 기회를 줄 수 있는 아량을 가지려고 노력해야 하겠다.

"하나님 아버지, 좋은 목표를 향해 모든 사람이 뜻을 합하고 힘을 모을 수 있다면 가장 바람직할 것입니다. 우리 일터에도 그런 은혜가 임하기를 기도합니다. 설령 그렇지 못하더라도 발전적인 방향을 모색하고 결국 최선의 결과를 얻을 수 있도록 인도해 주소서."

08

>>> 사도행전 16:1-10

하나님의 새로운 인도에
수긍하라

독일의 기독교마리아자매회를 설립한 바실레아 슐링크가 말했다. "우리의 삶을 지켜볼 때 우리는 건축 기사가 아닌 현장 노동자에 비유될 수 있다. 우리가 우리 자신의 생애를 설계할 필요가 없다. 하나님이 설계자로서 우리의 인생 계획을 직접 설계하고 계시기 때문이다. 그러므로 우리의 인생은 하나님의 놀라운 계획에 따라 우리의 힘과 재능에 합당한 길로 인도함 받는다. 하나님이 당신 생애의 설계자가 되시는 것을 인정하고 당신에게 적합한 대로 인도하시길 믿음으로 기도하고 그대로 행하라. 그러면 결국 훌륭한 건축물을 얻을 수 있을 것이다."

성령님은 바울의 선교 계획과 달리 새로운 길로 인도하셨다. "바울이 더베와 루스드라에도 이르매 거기 디모데라 하는 제자가 있으니 그 어머니는 믿는 유대 여자요 아버지는 헬라인이라. 디모데는 루스드라와 이고니온에 있는 형제들에게 칭찬 받는 자니 바울이 그를 데리고 떠나고자 할새 그 지역에 있는 유대인으로 말미암아 그를 데려다가 할례를 행하니 이는 그 사람들이 그의 아버지는 헬라인인 줄 다 앎이러라. 여러 성으로 다녀갈 때에 예루살렘에 있는 사도와 장로들이 작정한 규례를 그들에게 주어 지키게 하니 이에 여러 교회가 믿음이 더 굳건해지고 수가 날마다 늘어가니라. 성령이 아시아에서 말씀을 전하지 못하게 하시거늘 그들이 브루기아와 갈라디아 땅으로 다녀가 무시아 앞에 이르러 비두니아로 가고자 애쓰되 예수의 영이 허락하지 아니하시는지라. 무시아를 지나 드로아로 내려갔는데 밤에 환상이 바울에게 보이니 마게도냐 사람 하나가 서서 그에게 청하여 이르되 마게도냐로 건너와서 우리를 도우라 하거늘 바울이 그 환상을 보았을 때 우리가 곧 마게도냐로 떠나기를 힘쓰니 이는 하나님이 저 사람들에게 복음을 전하라고 우리를 부르신 줄로 인정함이러라"(행 16:1-10).

칭찬 듣는 사람 디모데가 동역자가 되다

실라와 함께 시작한 제2차 선교여행을 하던 중에 바울은 더베와 루스드라를 다시 방문했고 거기서 디모데를 만났다. 바울은 그를 선교팀에 합류시키려고 했다. 아마도 제1차 선교여행 때 예수님을 믿었던 것으로 보이는 디모데는 그 지역에서 형제들에게 칭찬 듣는 사람이었다. 이렇게 하나님의 선교에 필요한 동역자를 만나는 일이 바로 하나님의 인도하심이었다.

타협안에 충실하면서 교회가 더욱 부흥함

그런데 바울은 디모데에게 할례를 행했다. 유대인들 때문에 그렇게 했다고 한다. 디모데의 어머니는 유대인이었으나 부친이 헬라인이었기 때문이었다. 사실상 주님의 은혜로 구원받은 디모데에게 굳이 할례가 필요하지 않았다. 하지만 바울은 예루살렘총회에서 타협안을 통해 결의한 내용을 잘 알고 있었다. 이방인이 구원받기 위해서는 할례를 행하고 율법을 지켜야 한다고 주장하는 유대인들이 있었다. 사도들이 논의하여 그것은 아니고 다만 우상 숭배와 음행과 목매어 죽인 것과 피를 멀리하라고 가결했다(행 15장).

그래서 아마도 바울은 디모데를 설득하고 양해를 구하며 할례를 행했을 듯하다. 할례를 행하는 일은 요구된 일이 아니었으나 예루살렘 총회에서 결의한 사항에 대한 존중으로 디모데에게 할례를 행했다. 이로 인해 유대인 성도들과 이방인 성도들 사이의 신앙적 갈등은 제거되고 교회가 더욱 부흥할 수 있었다. 이것 또한 하나님의 인도하심이었다.

유럽 지역 선교를 계획하신 성령님의 인도를 따르다

이런 가운데 바울은 성령님의 새로운 인도하심을 받게 되었다. 본래 바울의 계획은 제1차 선교여행 때 갔던 지역을 돌아보는 것이었다. 그런데 브루기아와 갈라디아 땅으로 다녀가 무시아 앞에 이르러 비두니아로 가고자 애썼지만 성령님이 허락하지 않으셨다. 오히려 유럽 땅인 마게도냐 지방 사람이 도와 달라고 하는 환상을 보았다. 이후에는 계획에는 없지만 유럽 선교 계획을 구상하게 되었다. 설령 자신의 계획과 청사진이 있더라도 하나님의 새로운 인도하심에 수긍하며 새로운 지역을 향해 떠나는 바울 일행에게 우리는 선택에 관한 교훈을 얻을 수 있다. 우리가 계획했던 것이라고 해도 하나님의 새로운 인도하심이 있다면 우리의 계획을 고집하지 말아야 한다. 하나님의 인도하심에 흔쾌히 순종할 때 하나님은 우리가 기대하지 못한 새로운 역사를 우리의 삶에서도 보여주실 것이다.

바울의 선교팀의 두 번째 선교여행을 보면서 하나님 나라를 위해 주어진 현실에 충실할 때 하나님이 최선의 길로 인도하심을 확인할 수 있다. 우리가 미처 생각하지 못한 획기적인 인도하심이 있더라도 기꺼이 수긍하며 하나님의 뜻을 추구하는 순종의 미덕이 필요하다.

 "하나님 아버지, 늘 주님의 뜻을 찾아 순종하며 살아가게 인도해 주소서. 그리고 하나님의 인도하심을 분명히 깨달을 수 있는 지혜를 주시고 하나님의 섭리에 순종하는 믿음을 허락해 주소서."

09

>>> 사도행전 16:11-15

바쁜 자색 옷감 장사
루디아의 헌신

지미 카터 전 미국 대통령이 대통령 후보로 선거 유세를 했던 때의 일이다. 주일이 되었는데 웬만하면 표를 얻기 위해 큰 교회에 가서 예배를 드리며 보이지 않는 유세를 겸할 법했다. 그런데 지미 카터 후보는 조지아주의 고향 교회에 가서 예배를 드리면서 당시 23년 동안 가르쳐 온 아이들을 가르쳤다. 그런데 그날 수십 명의 신문기자들이 그 교회로 몰려와서 카터가 가르치는 아이들 스무 명보다 세 배 이상이나 많았다.

지미 카터 후보가 웃으면서 말했다.

"기자 여러분, 오늘은 여기에 오셨지만 다음 주일부터는 여러분의 교회에 가서 예배를 드리십시오."

카터 후보는 그 바쁜 와중에도 자신이 맡은 교사 직분도 소홀히 하지 않는 청지기의 삶을 살았다. 그가 대통령으로서 정치적으로 실패했다는 평가도 받지만 카터의 이런 청지기 정신이 오늘의 그를 설명해 준다. 지미 카터 전 대통령은 퇴임 후를 가장 잘 보내고 있는 전직 대통령으로 손꼽히는 삶을 살고 있고 노벨평화상도 수상했다.

성령님이 유럽 지역의 첫 선교지 빌립보로 바울의 선교팀을 인도하셨다. "우리가 드로아에서 배로 떠나 사모드라게로 직행하여 이튿날 네압볼리로 가고 거기서 빌립보에 이르니 이는 마게도냐 지방의 첫 성이요. 또 로마의 식민지라. 이 성에서 수일을 유하다가 안식일에 우리가 기도할 곳이 있을까 하여 문밖 강가에 나가 거기 앉아서 모인 여자들에게 말하는데 두아디라 시에 있는 자색 옷감 장사로서 하나님을 섬기는 루디아라 하는 한 여자가 말을 듣고 있을 때 주께서 그 마음을 열어 바울의 말을 따르게 하신지라. 그와 그 집이 다 세례를 받고 우리에게 청하여 이르되 만일 나를 주 믿는 자로 알거든 내 집에 들어와 유하라 하고 강권하여 머물게 하니라"(행 16:11-15).

바빴지만 헌신한 여인 루디아

유럽으로 건너간 바울의 전도 팀 일행은 빌립보 성에 이르렀다. 그러나 빌립보에는 회당이 없었다. 유대인 남자들이 열 명만 모이면 회당을 세웠는데 그만큼 빌립보에는 유대인의 수가 적었음을 알 수 있다. 그래도 여인들이 강가에 모여서 기도하고 있는 곳을 찾아간 바울은 자연스럽게 그들에게 복음을 전했다. 그곳에 모인 여인 중에 하나님을 섬기는 루디아라는 여인이 주도적인 역할을 했는데, 하나님이 그 여인의 마음을 열어 하나님의 말씀을 따르게 하셨다. 하나님을 향한 헌신은 거의 언제나 하나님의 말씀을 진지하게 듣는 것과 결부된다.

그런데 자색(紫色) 옷감을 팔던 여인 루디아가 얼마나 바쁜 여인이었을지 상상해 보아야 한다. 자주색 옷은 왕족이나 귀족들이 입던 옷이었기 때문에 수요층이 적었다. 따라서 자주 옷감 장사들은 여러 지역을 다니면서 물건을 팔아야 했다. 루디아도 본래 소아시아 지방 두아디라 시가 고향이고, 그곳이 사업의 근거지임을 밝히고 있다(행 16:14). 두아디라는 염색 공업이 발달한 대표적인 도시였다. 그러니 루디아는 소아시아 지방에 있는 두아디라 시에 근거지를 두고 아마 그곳에 옷감을 파는 매장의 본점을 두었을 것으로 보인다. 그리고 유럽 지역으로 상권을 개척하기 위해 직접 파견 나온 '대표' 쯤 된다고 추측할 수 있다. 실제로 빌립보에 있던 루디아의 집은 바울의 전도 팀 일행을 머무르게 할 만큼 규모가 큰 집이었던 것으로 보아도 이런 상상을 할 수 있다.

유럽 지역 첫 선교의 열매가 되다

루디아가 예수님을 영접한 후 루디아의 집 모든 사람은 다 세례를 받았다. 루디아의 집은 유럽 지역 선교의 첫 열매가 되어 하나님께 영광 돌렸다. 또한 루디아는 사도 바울 일행을 강권하여 그의 집에 머물게 했다. 초대교회 당시 성도의 집이 교회가 되었던 '가정교회'의 전통을 생각할 때 자연스럽게 루디아의 집이 빌립보 교회가 되었을 것이다. 바쁜 여인 루디아가 헌신하여 말씀을 듣게 되었을 때 이런 놀라운 역사와 기쁨이 생길 수 있었다. 유대인들의 수가 적은 빌립보에도 하나님의 교회가 설립되는 놀라운 일이 일어났다. 유럽 지역에 세워진 첫 번째 교회였다.

자색 옷감 장사로 바쁘고 힘든 나날을 보냈던 여인 루디아의 헌신으로 빌립보 교회가 세워졌다. 하나님의 말씀을 진지하게 듣고 말씀대로 사는 삶을 통해 하나님의 놀라운 인도하심을 경험할 수 있다.

일터에서 우리의 헌신을 통해 진정한 변화가 일어날 수 있도록 노력
해야 한다.

 "자색 옷감 장사 루디아의 마음을 여셨던 하나님, 제 마음
도 열어 주사 말씀을 깨닫게 인도해 주소서. 하나님의 놀
라운 복음 전파의 역사에 동참하며 온전히 헌신하는 삶을
살 수 있도록 주님이 도와주소서."

>>> 사도행전 16:16-19, 25-32
# 무엇에 사로잡혀 사십니까?

존 하퍼 목사가 시카고의 무디교회에서 설교하기 위해 유람선 타이태닉호를 탔다. 배가 파선하자 구명대도 없이 바다에 떨어졌다. 하퍼 목사는 널빤지 조각에 의지해 있던 한 청년을 발견하고는 그에게 외쳤다.

"젊은이, 구원받았는가?"

청년은 아니라고 대답했고, 몇 분 후 다시금 두 사람 사이의 거리가 가까워지자 하퍼 목사는 다시 한번 크게 소리쳐 물었다.

"자네 하나님과 화해했나?"

그때 큰 파도가 하퍼 목사를 삼켰다.

2주일 후의 어느 저녁에 뉴욕에서 열린 기독 청년 집회에서 한 젊은이가 간증했다.

"저는 존 하퍼 목사님에게 마지막 전도를 받은 사람입니다."

성령에 사로잡혀 사는 사람은 때와 장소를 가리지 않고 복음을 전한다.

유럽의 첫 선교지 빌립보에서는 여러 사건이 벌어진다. 귀신 들린 여종을 고쳐준 바울을 통해 무언가에 사로잡혀 살아가는 몇 부류의 사람들을 만날 수 있다. 당신은 무엇에 사로잡혀 살아가는지 확인해 보라. "우리가 기도하는 곳에 가다가 점치는 귀신 들린 여종 하나를 만나니 점으로 그 주인들에게 큰 이익을 주는 자라. 그가 바울과 우리를 따라와 소리 질러 이르되 이 사람들은 지극히 높은 하나님의 종으로서 구원의 길을 너희에게 전하는 자라 하며 이같이 여러 날을 하는지라. 바울이 심히 괴로워하여 돌이켜 그 귀신에게 이르되 예수 그리스도의 이름으로 내가 네게 명하노니 그에게서 나오라 하니 귀신이 즉시 나오니라. 여종의 주인들은 자기 수익의 소망이 끊어진 것을 보고 바울과 실라를 붙잡아 장터로 관리들에게 끌어갔다가… 한밤중에 바울과 실라가 기도하고 하나님을 찬송하매 죄수들이 듣더라. 이에 갑자기 큰 지진이 나서 옥터가 움직이고 문이 곧 다 열리며 모든 사람의 매인 것이 다 벗어진지라. 간수가 자다가 깨어 옥문들이 열린 것을 보고 죄수들이 도망한 줄 생각하고 칼을 빼어 자결하려 하거늘 바울이 크게 소리 질러 이르되 네 몸을 상하지 말라 우리가 다 여기 있노라 하니 간수가 등불을 달라고 하며 뛰어 들어가 무서워 떨며 바울과 실라 앞에 엎드리고 그들을 데리고 나가 이르되 선생들이여 내가 어떻게 하여야 구원을 받으리이까 하거늘 이르되 주 예수를 믿으라. 그리하면 너와 네 집이 구원을 받으리라 하고 주의 말씀을 그 사람과 그 집에 있는 모든 사람에게 전하더라"(행 16:16-19, 25-32).

귀신, 돈, 관료주의에 사로잡혀 사는 사람들

세상 사람들은 무언가에 사로잡혀 살고 있다. 빌립보에 '귀신'에 사로잡혀 점을 치는 불쌍한 여종이 있었다(16절). 점을 쳐서 주인들에게 큰 이익을 주었다. 하나님의 존재도 분명하게 알고 있어서 바울과 일행을 보고 따라와 "이 사람들은 지극히 높은 하나님의 종으로서 구원의 길을 너희에게 전하는 자라"라고 여러 날 말했다.

또한 이 여종을 착취하는 여러 명의 주인이 있었다. 그들은 '돈'의 노예가 분명했다. 돈에 사로잡혀 사는 사람들이었다. 오늘날에도 이렇게 물신(mammon)을 섬기는 돈의 노예들이 많이 있다. 그 사람들은 귀신 들린 여종을 고쳐준 바울을 고소해 결국 바울이 구속되게 했다(19-21절).

또한 관리들은 '관료주의'에 사로잡혀 처음에는 바울을 함부로 대했다. 고소자의 고발 내용만 듣고 바울 일행을 때리고 가두었다. 다음 날 석방하라고 했는데 바울에게 로마 시민권이 있다고 하니 두려워 떠는 사람들이었다. 이들은 복지부동형 관리들로 관료주의에 사로잡힌 사람들이었다(35-40절). 이렇게 사람들은 누구나 무언가에 사로잡혀 사는 것이 분명하다. 당신은 무엇에 사로잡혀 인생을 살고 있는가?

성령에 사로잡혀 사는 사람들

반면 바울과 실라는 '성령'에 사로잡혀 사는 사람들이었다. 그들은 여종의 주인들이 고소하여 애매하게 옥에 갇혀서 매를 맞았지만 그 모든 고통을 감수했다. 그리고 그 고통의 현장에서 밤중에 일어나 하나님을 찬양하면서 기도했다. 또한 그 감옥에서조차 전도하는 복음의 열정을 가진 사람들이었다. 결국 죄수들의 탈옥이라는 큰 위기에 처할 뻔했던 간수를 구원했다. 또한 그의 집 식구들까지 모두 예수님을 믿게 하였다(25-32절).

"선생들이여 내가 어떻게 하여야 구원을 받으리이까?"

"주 예수를 믿으라. 그리하면 너와 네 집이 구원을 받으리라."

성령에 사로잡힌 사람은 구도자의 전형적인 질문과 전도자의 적절한 복음적 대답을 우리에게 남겨준다. 바울과 실라는 이렇게 성령에 사로잡혀 사는 사람들이었다. 귀신과 돈, 관료주의가 아닌 성령에 사로잡힌 바울과 실라처럼 우리도 성령에 사로잡혀 살아가야 한다.

악한 영, 돈, 관료주의 등 무언가에 사로잡혀 사는 우리 일터의 동료들이 있다. 성령에 사로잡혀 살아가는 우리가 무엇을 해야 할지 고민하게 된다. 옥에 갇혀서도 하나님을 찬양하고 간수와 그의 가족들에게도 복음을 전했던 바울을 배울 수 있어야 한다. 성령님은 오늘도 우리가 성령에 사로잡혀 담대히 복음 전하는 사람이 되기를 원하신다.

 "하나님 아버지, 세상 사람들은 저마다 무언가에 사로잡혀 길을 잃고 헤매고 있지만 하나님의 성령에 사로잡혀 살아가게 인도해 주소서. 헛된 세상 욕심을 버리고 무엇이 진정한 가치인지 제대로 깨달을 수 있도록 주님이 함께하여 주소서."

11

>>> 사도행전 16:25-34

크리스천의 삶으로 전도하기

　한 선교사가 자신이 예수님을 믿은 계기에 대해 말했다. 대학 시절 공부에 지치고 힘이 든 어느 날 학교 구내식당에서 식사하는데 저쪽 편에 평소에 존경하던 교수님이 앉아서 식사 기도를 하는 모습이 보였다. 평소에 그 교수님이 어떤 삶을 살고 있는지 잘 알고 있었는데 그분이 식사 기도하는 모습이 매우 평화롭고 아름다워 보였다고 한다. 그래서 그 대학생은 그때부터 예수님을 믿기로 했고, 결국 선교사가 되어 복음 전하는 일에 헌신하는 삶을 살았다. 그 교수님은 학생들을 가르치면서 그리스도인으로 살아가는 자연스러운 모습을 보여주었고, 그것이 놀라운 전도의 계기가 되었다.

　바울 일행이 빌립보 간수를 전도한 일에도 그들의 남다른 모습의 삶이 작용했음을 확인할 수 있다. "한밤중에 바울과 실라가 기도하고 하나님을 찬송하매 죄수들이 듣더라. 이에 갑자기 큰 지진이 나서 옥터가 움직이고 문이 곧 다 열리며 모든 사람의 매인 것이 다 벗어진지라. 간수가 자다가 깨어 옥문들이 열린 것을 보고 죄수들이 도망한 줄 생각하고 칼을 빼어 자결하려 하거늘 바울이 크게 소리 질러 이르되 네 몸을 상하지 말라. 우리가 다 여기 있노라 하니 간수가 등불을 달라고 하며 뛰어 들어가 무서워 떨며 바울과 실라 앞에 엎드리고 그들을 데리고 나가 이르되 선생들이여 내가 어떻게 하여야 구원을 받으리이까 하거늘 이르되 주 예수를 믿으라. 그리하면 너와 네 집이 구원을 받으리라 하고 주의 말씀을 그 사람과 그 집에 있는 모든 사람에게 전하더라. 그 밤 그 시각에 간수가 그들을 데려다가 그 맞은 자리를 씻어 주고 자기와 그 온 가족이 다 세례를 받은 후 그들을 데리고 자기 집에 올라가서 음식을 차려 주고 그와 온 집안이 하나님을 믿으므로 크게 기뻐하니라"(행 16:25-34).

일터에서 남다른 하나님의 능력을 보이고

빌립보에서 바울과 실라는 사로잡혀 매를 많이 맞고 깊은 옥에 갇혔다. 발에는 차꼬를 차고 감시당하고 있었다(23-24절). 이때 그들은 뭔가 다른 모습을 보여주었다. 고통 중에도 밤중에 일어나 기도했고 하나님을 찬송했다. 그 소리를 죄수들이 들었다(25절). '수면 방해'에 해당하여 비난을 들었는지도 모르겠다. 하지만 이 일은 하나님의 놀라운 능력을 가져왔다. 크리스천으로서 바울과 실라는 뭔가 다른 영적 능력을 보여주었다. 큰 지진이 나서 옥터가 움직이고 문이 다 열리고 죄수들의 결박이 다 풀렸다. 크리스천으로서 살아가는 우리도 일터에서 하나님이 주신 능력을 동료들에게 보일 수 있다면 전도의 좋은 기회를 얻을 수 있다.

윤리적이고 사람을 중시하는 태도를 보이면

바울과 실라는 영적 능력뿐만 아니라 탁월한 윤리 의식이 있었다. 지진이 나고 옥문이 열리자 죄수들이 모두 도망간 줄 안 간수가 자결하려 했다. 그때 바울은 크게 소리 지르면서 그의 자살을 막았다. 당시 로마법에 따르면 죄수들의 탈옥을 막지 못한 간수는 그 죄수들의 형벌을 모두 당해야 했기 때문에 죄수들이 도망갔다고 생각한 간수는 자결하려 했을 듯하다. 바울은 이렇게 사람의 생명을 중시하고 귀하게 여겼다. 이런 태도야말로 능력과 함께 우리 크리스천 직업인들이 꼭 가지고 있어야 할 윤리 의식이다.

복음을 전하는 길이 열린다

바울처럼 영적인 능력과 더불어 사람을 생각하는 윤리 의식이 있을 때 복음을 전하는 길은 쉽고 빠르게 열린다. 구원 얻기를 사모하는 사람을 만날 수 있다. "선생들이여, 내가 어떻게 하여야 구원을 받으리이까?"(30절). 간수는 두려워 떨며 엎드려 질문했다. 이 탄식과 같은 구원 요청은 바울이 하나님의 능력과 삶의 행실을 통해 보여준 감화로 인해 가능했다. 바울과 실라가 기도하고 찬송한 바로 그 하나님을 믿어 구원받기를 간수는 간절히 바랐다. 바울과 실라는 간수뿐만 아니라 그의 가족들에게도 모두 복음을 전할 수 있었다. 오늘 우리는 우리 삶의 현장인 일터에서 복음을 전하기 위해 어떤 준비를 해야 하는지 돌아보아야 한다.

복음 전도를 위해 우리도 일터에서 성령 충만하여 영적 능력을 나타냄으로 사람들에게 하나님을 보여주기 위해 노력해야 한다. 사람을 귀하게 여기는 마음이 중요하다. 크리스천다운 탁월한 윤리 의식과 사람 중심 사고방식으로 사람들에게 감화를 끼치는 삶을 일터에서 살아가야 한다.

 "구원하시는 하나님, 우리의 일터에서 뭔가 다르게 살아가는 크리스천 직업인이 되게 하여 주소서. 능력을 발휘하여 탁월하게 일하고 사람을 사랑하는 가치관이 분명하여 동료들이 부러움을 느끼게 하여 주소서. 그래서 전도의 문을 열 수 있기를 소원합니다. 주님이 함께하여 주소서."

12

간절한 마음으로
말씀을 받는 사람들

    바울의 전도팀이 데살로니가로 갔을 때 바울은 유대인의 회당에서 세 안식일에 성경으로 강론했다. 유대인들은 복음에 반응을 보이지 않았으나 헬라인들과 귀부인들 중 여러 사람이 주님을 영접했다. 유대인들은 오히려 시기하고 소동을 일으켰다. 바울 일행을 잡기 위해 야손과 형제들을 압박하며 바울의 혐의를 진술하는 장면이 나온다. 여기서 당시 로마제국의 여러 이방 땅에 전해지는 복음에 대한 사람들의 관점을 확인해 볼 수 있다.

    "천하를 어지럽게 하던 이 사람들이 여기도 이르"렀다고 하면서 "이 사람들이 다 가이사의 명을 거역하여 말하되 다른 임금 곧 예수라" 한다고 말했다(행 17:6-7). 사도 바울은 기독교와 크리스천에 대해서 이렇게 인식하는 사람들에게 복음을 전해야 했다. 특히 가이사가 아닌 예수를 '임금', '주'라고 한다는 말은 반역의 의미를 내포하고 있었다. 당시 기독교인들은 가이사에게 붙이는 칭호인 '주'(헬라어, 퀴리오스)를 하나님과 그 아들인 예수님에게 붙이는 불온한 사람들로 인식되었다. 복음은 이렇게 천하를 어지럽게 할 만큼 파급력이 있었고 또한 위험성을 내포한 사상이었다.

유럽 지역의 몇 도시에서 복음이 어떻게 받아들여졌는지 확인할 수 있다. "그들이 암비볼리와 아볼로니아로 다녀가 데살로니가에 이르니 거기 유대인의 회당이 있는지라. 바울이 자기의 관례대로 그들에게로 들어가서 세 안식일에 성경을 가지고 강론하며 뜻을 풀어 그리스도가 해를 받고 죽은 자 가운데서 다시 살아나야 할 것을 증언하고 이르되 내가 너희에게 전하는 이 예수가 곧 그리스도라 하니 그 중의 어떤 사람 곧 경건한 헬라인의 큰 무리와 적지 않은 귀부인도 권함을 받고 바울과 실라를 따르나… 밤에 형제들이 곧 바울과 실라를 베뢰아로 보내니 그들이 이르러 유대인의 회당에 들어가니라. 베뢰아에 있는 사람들은 데살로니가에 있는 사람들보다 더 너그러워서 간절한 마음으로 말씀을 받고 이것이 그러한가 하여 날마다 성경을 상고하므로 그 중에 믿는 사람이 많고 또 헬라의 귀부인과 남자가 적지 아니하나"(행 17:1-4, 10-12).

헬라인과 귀부인들도 믿음을 가지다

데살로니가에 이른 바울 일행은 안식일에 회당에서 복음을 전했다. 여기서 경건한 헬라인들이 예수를 영접했다. 이들은 유대교로 개종한 이방인들로 이제 복음을 전해 듣고 예수님을 믿게 되었다. "경건한 헬라인의 큰 무리와 적지 않은 귀부인"(4절)이라고 표현한다. 특히 귀부인들이 예수를 믿게 되므로 그들이 자녀를 양육하며 신앙을 전해 로마 사회 상류층에 전도할 기회를 마련했던 점도 주목할 만하다.

우리나라에 처음 복음이 들어왔을 때도 선교사들이 사용한 선교 전략 중에는 유교적인 완고한 남성들보다는 비교적 접근하기 쉬운 여성들을 먼저 전도하는 전략이 있었다. 그래서 선교 초창기에 많은 여인이 먼저 신앙을 가진 경우가 많았다. '로스역' 성경 등 선교 초기부터 한글로 된 쪽복음을 권서인들을 통해 판매하며 보급했던 일도 한글을 접하기가 쉬운 여성들이 복음을 전해 들을 기회를 가져다주었다. 1900년대 초에 발행된 한 기독교 신문에서는 본래 한글을 모르던 여인들이 예수를 믿게 되므로 성경을 통해 한글을 배우게 되었다는 기사가 실리기도 했다. 기독교 선교 초기에도 여성들이 복음을 듣고 회심한 이야기를 바울이 주도한 유럽 지역 전도에서 이미 볼 수 있다.

간절한 마음으로 말씀을 받은 베뢰아 사람들

바울 일행은 데살로니가에서 유대인들의 박해를 피해 야손과 형제들의 도움으로 야반도주하듯이 베뢰아로 갔다. 거기서도 회당에서 전도했다. 그런데 베뢰아 사람들은 '성품이 좋은'(= '너그러워서', 11절) 사람들이었다. 그들의 좋은 성품은 성경을 열심히 연구하는 태도로 드러났다. 말씀을 듣는 대로 무턱대고 믿은 것이 아니라 성경을 연구하며 확인하는 태도였는데 이런 분위기가 많은 지성적인 사람들이 예수를 믿는 한 요인으로 작용했을 듯하다. 이렇게 표현한다. "베뢰아에 있는 사람들은 데살로니가에 있는 사람들보다 간절한 마음으로 말씀을 받고 이것이 그러한가 하여 날마다 성경을 상고"했다고 한다(11절). 주의 깊고 진지한 태도로 말씀을 받아들여서 그것을 확인하기 위해 성경을 공부하며 비교하고 고찰했다는 뜻이다. 이렇게 말씀을 잘 듣고 공부하는 태도는 오늘날 우리 크리스천 직업인들에게도 꼭 필요하다.

하나님의 말씀에 대한 수용성이 좋았던 베뢰아 사람 중에 예수님을 믿는 사람들이 많았다고 증언한다. 일터 동료들이 말씀을 공부하는 모임에 흥미를 보이고 참여할 수 있도록 여러 방법을 모색해 보면 좋겠다. 우리 자신이 지속적이고 체계적으로 하나님의 말씀을 공부하는 기회를 가져야 한다.

 "하나님 아버지, 바쁘고 시간이 없다는 핑계를 대지 말고 마음을 열어 말씀을 읽고 공부하는 열정을 허락해 주소서. 그래서 깨달은 말씀대로 살아가기 위해 노력하는 의식 있는 크리스천 직업인이 될 수 있도록 인도해 주소서."

내가 너와 함께 있으매 어떤 사람도 너를 대적하여 해롭게 할 자가 없을 것이니
이는 이 성 중에 내 백성이 많음이라 하시더라. 일 년 육 개월을 머물며
그들 가운데서 하나님의 말씀을 가르치니라. 사도행전 18:10-11

PART 5

하나님 나라
백성을
포기하지 말라

01 '알지 못하는 신'에 대하여

베뢰아에서 남녀 헬라인들이 복음을 듣고 예수님을 믿는 사람들
이 많아지자 데살로니가에 있는 유대인들이 사람들을 움직여 소동을
일으켰다. 그러자 형제들이 바울을 해변으로 보내 아덴(=아테네)으
로 가는 배를 타게 했다.

실라와 디모데는 베뢰아에 계속 머물러 있었다. 사도 바울 한 사
람만 피신시켜야 할 만큼 상황이 매우 급했던 듯하다. 아덴에 도착하
여 바울을 데려갔던 사람들이 다시 실라와 디모데를 데리러 갔다(행
17:13-15). 그렇게 고대 사회의 철학과 지성의 수도인 아덴에서 바울
은 홀로 지내야 했다. 그런데 바울은 동역자들이 돌아오기를 마냥 기
다리고 있지만은 않았다.

아덴 거리와 장터에서 벌써 격분한 바울이 어떻게 복음을 전하는
지 기록해 주고 있다. "바울이 아덴에서 그들을 기다리다가 그 성에
우상이 가득한 것을 보고 마음에 격분하여 회당에서는 유대인과 경
건한 사람들과 또 장터에서는 날마다 만나는 사람들과 변론하니 어
떤 에피쿠로스와 스토아 철학자들도 바울과 쟁론할새 어떤 사람은

이르되 이 말쟁이가 무슨 말을 하고자 하느냐 하고 어떤 사람은 이르되 이방 신들을 전하는 사람인가보다 하니 이는 바울이 예수와 부활을 전하기 때문이러라. 그를 붙들어 아레오바고로 가며 말하기를 네가 말하는 이 새로운 가르침이 무엇인지 우리가 알 수 있겠느냐. 네가 어떤 이상한 것을 우리 귀에 들려주니 그 무슨 뜻인지 알고자 하노라 하니 모든 아덴 사람과 거기서 나그네 된 외국인들이 가장 새로운 것을 말하고 듣는 것 이외에는 달리 시간을 쓰지 않음이러라. 바울이 아레오바고 가운데 서서 말하되 아덴 사람들아 너희를 보니 범사에 종교심이 많도다. 내가 두루 다니며 너희가 위하는 것들을 보다가 알지 못하는 신에게라고 새긴 단도 보았으니 그런즉 너희가 알지 못하고 위하는 그것을 내가 너희에게 알게 하리라"(행 17:16-23).

종교성이 다분한 아덴 사람들

바울은 아덴에 가서 수많은 신을 섬기는 사람들을 보고 분노했다. 그러나 헬레니즘의 본고장 아덴에서도 바울은 화를 내고 있지만은 않았다. 우선 회당에서 만나는 유대인들과 유대교에 입교한 자들에게 복음을 전했다. 광장이 있는 장터에서는 헬라 철학자들을 만나 그들과 변론하면서 전도했다. 당대의 대표적 철학 사조인 에피쿠로스 학파와 스토아 학파 철학자들과 만나서 논쟁했다.

에피쿠로스 학파는 세상과 신은 멀리 떨어져 있고 서로 상관이 없다고 가르쳤다. 그러니 일종의 '각자도생'처럼 최선을 다해 인생을 살며 최대한의 쾌락을 추구했다. 스토아 학파는 세상과 모든 사람에게 신적 성품인 '이성'이 있다고 가르쳤다. 그렇기에 인간은 미덕을 추구하며 선한 삶을 살아야 한다고 보았다. 이렇게 지성적인 사람들에게는 그들의 상황에 맞게 논리적으로 변론하며 전도하는 바울의 신축성 있는 전도법을 우리도 배워야 한다.

'알지 못하는 신'을 알려주마

아덴 사람들의 철학과 종교의 중심지이자 아덴의 최고 법정인 아레오바고에 서서 바울은 변증했다(22-31절). '알지 못하는 신'이라고 이름이 붙은 신상을 보고 안타까웠던 바울은 그렇게 막연히 섬기고자 하는 신이 과연 누구인가 알려주겠다며 이야기를 시작했다. 알지 못하는 것, 즉 무지의 문제와 연관하여 바울은 하나님이 하신 일로 시작하고(23절) 마친다(30절). 하나님은 사람들이 무지함을 아셨지만 이제 그 시기가 끝났다고 한다. 지금은 회개하고 돌이켜야 심판을 피할 수 있다고 한다.

하나님은 천지 만물을 창조하시고(24절) 인간과 모든 족속도 창조하셨으니(25-26절) 이제 회개하고 돌이켜 예수 그리스도를 믿어야 함을 강조했다(30-31절). 이렇게 사도 바울은 수많은 우상을 섬기는 아덴 사람들을 보고 분노했지만 그 점을 오히려 전도하기 위한 접촉점으로 삼았다. 오늘 우리 시대도 포스트모더니즘 문화와 종교 다원주의, 4차산업혁명으로 인해 전도하기가 쉽지 않다. 그러나 우리도 바울과 같이 시대적 특징과 사람들의 성향을 전도할 기회로 삼을 수 있다.

우리 시대 사람들에게 어떻게 효과적으로 전도할 수 있을지 구체적인 전도의 전략을 구상해 보라. 사도 바울이 "너희 시인 중 어떤 사람들의 말과 같이 우리가 그의 소생이라"(28절)라고 하면서 헬라

시인들의 시를 인용해 말했던 감정이입의 변증 방법도 잘 배울 수 있어야 한다.

 "하나님, 바울의 설교를 듣고 조롱한 사람들도 있었지만 가까이에서 말씀을 들은 아레오바고 관리 디오누시오와 몇 사람이 믿었음을(34절) 기억하겠습니다. 절대 실패하지 않은 바울의 아덴 전도를 배울 수 있게 주님이 함께하여 주소서."

02 이 도시에 내 백성이 많다

자끄 엘륄은 그의 책 「도시의 의미」(그리심 펴냄, 1992)에서 도시의 출현과 영향력에 대해 지적한다. 가인이 세운 최초의 성 에녹 이후 현대의 거대 도시들까지 줄곧 인간이 하나님을 대신하려는 역할을 하는 곳이 바로 도시라고 말한다. 인간이 자신의 욕망을 구현하기 위해 자신이 인생의 주인이 되고 인간 이외의 다른 어떤 힘의 개입도 허용하지 않는 곳이 바로 도시라고 한다. 그러나 이 도시를 포기할 수 없는 이유가 우리 크리스천 직업인들에게는 분명하게 있다.

사도 바울이 고린도 선교를 포기하거나 소홀히 할 수 없도록 예수님이 강한 확신을 주셨다. "그 후에 바울이 아덴을 떠나 고린도에 이르러 아굴라라 하는 본도에서 난 유대인 한 사람을 만나니 글라우디오가 모든 유대인을 명하여 로마에서 떠나라 한 고로 그가 그 아내 브리스길라와 함께 이달리야로부터 새로 온지라. 바울이 그들에게 가매 생업이 같으므로 함께 살며 일을 하니 그 생업은 천막을 만드는 것이더라. 안식일마다 바울이 회당에서 강론하고 유대인과 헬라인을 권면하니라. 실라와 디모데가 마게도냐로부터 내려오매 바울이 하나님의 말씀에 붙잡혀 유대인들에게 예수는 그리스도라 밝히 증언하니 그들이 대적하여 비방하거늘 바울이 옷을 털면서 이르되 너희 피가 너희 머리로 돌아갈 것이요 나는 깨끗하니라. 이후에는 이방인에게로 가리라 하고 거기서 옮겨 하나님을 경외하는 디도 유스도라 하는 사람의 집에 들어가니 그 집은 회당 옆이라. 또 회당장 그리스보가 온 집안과 더불어 주를 믿으며 수많은 고린도 사람도 듣고 믿어 세례를 받더라. 밤에 주께서 환상 가운데 바울에게 말씀하시되 두려워하지 말며 침묵하지 말고 말하라. 내가 너와 함께 있으매 어떤 사람도 너를 대적하여 해롭게 할 자가 없을 것이니 이는 이 성 중에 내 백성이 많음이라 하시더라. 일 년 육 개월을 머물며 그들 가운데서 하나님의 말씀을 가르치니라"(행 18:1-11).

헬라의 중심 도시 고린도 사역

아덴에서 고린도로 옮겨간 바울은 로마에서 박해를 받아 쫓겨 온 아굴라와 브리스길라 부부를 만났다. 천막 만드는 바울의 직업과 같아 그들은 함께 살며 일을 했다. 이곳 고린도에서 바울은 비교적 오랜 기간 머물며 일하고 전도하는 사역을 했다. 고린도에서도 바울은 안식일마다 회당에 가서 복음을 전했다. 유대인들과 유대교에 관심 가진 구도자인 헬라인들을 말씀으로 권면할 수 있었다. 마침 동역자들인 실라와 디모데도 고린도로 돌아와 합류했다. 더욱 힘을 내어 "바울이 하나님의 말씀에 붙잡혀 유대인들에게 예수는 그리스도라 밝히 증언"했다(5절).

그러나 고린도에서도 유대인들의 훼방은 집요했다. 회당에서 더는 전도하지 못하고 장소를 옮겨 회당 옆에 있는 디도 유스도의 집에 가서 모임을 하며 전도했다. 그런데 이곳에서 회당장인 그리스보가 온 집안사람과 더불어 예수를 믿고 많은 고린도 사람도 예수를 믿는 전도의 기쁜 열매를 거두었다. "수많은 고린도 사람도 듣고 믿어 세례를 받더라"(8절 하)라고 누가가 고린도 선교의 결과를 기록하고 있다. 어려움이 있었지만 동역자들과 함께 열심히 전도할 때 놀라운 복음의 열매가 맺혔다.

이 도시를 포기하지 말라

밤에 환상 가운데 나타나신 예수님이 바울에게 확신을 심어주셨다. 고린도에 회심할 주의 백성들이 많으니 하나님 나라 복음 전파에 힘쓰라는 격려였다. 그래서 바울은 이곳 고린도에서 1년 6개월간 머물며 하나님의 말씀을 가르치고 전도했다. 지속해서 이동하던 선교를 했던 바울은 오랜 기간을 머물기보다 이방인을 찾아(6절) 새로운 전도지로 떠나는 경우가 많았는데 고린도교회에서는 비교적 오래 머물렀다.

한편 고린도 교회는 다른 교회들보다 문제가 많아 목회적 돌봄이 더 많이 필요했기에 하나님이 오래 머물도록 하셨을 것이라는 생각도 든다. 또한 천막 만드는 사업을 짜임새 있게 할 수 있는 여건이어서 자비량 전도를 계속할 수 있었던 점도 오래 머무르는 한 가지 이유가 되었을 듯하다. 함께하시니 두려워하지 말라는 예수님의 격려를 되새겼기에 바울은 이 도시에 오래 머물며 사역했다.

"이 성 중에 내 백성이 많음이라."

바울은 이 도시 고린도를 결코 포기할 수 없었다.

오늘날도 도시에 대한 전도가 하나님이 우리에게 주신 중요한 사명임을 기억해야 한다. 도시만 전도해야 하는 것은 아니지만 효과적으로 전도할 기회를 놓치지 말아야 한다. 일하며 전도하는 '텐트메이커' 방식으로 전도했던 바울과 아굴라 부부처럼 효과적으로 직업 선교를 할 수 있는 동역자를 찾아 오늘의 '고린도'에서 복음을 전해야 한다.

 "하나님 아버지, 하나님을 대적하는 특징이 두드러지는 도시를 복음화할 수 있도록 영적인 능력을 허락해 주소서. 죄악이 넘치고 타락했다고 해도 결코 도시를 포기하지 않는 하나님의 심정을 헤아리며 영혼을 사랑하는 열정을 허락해 주소서."

03

>>> 사도행전 18:18-28

박해받아도
동역자들과 함께하니…

바울은 두 번째 선교여행을 처음 전도했던 지역을 돌며 회심한 성도들을 돌아보고 양육하기 위해 계획했다. 그런데 중간에 하나님의 새로운 인도로 유럽 전도를 시도하여 여러 도시를 전도하게 되었다. 이제 시작하려는 바울의 제3차 선교여행 또한 제2차 선교여행을 통해 세운 아시아 지역과 유럽의 교회들을 격려하기 위해 계획했다. 이렇게 바울은 여러 차례 선교여행을 하면서도 이미 전도한 지역을 중심으로 다시 전도했다. 제3차 선교여행에서는 특히 에베소에서 오랜 기간 머물며 전도했다. 출발지는 안디옥이지만 도착한 곳은 예루살렘이어서 바울이 소원하던 로마로 가게 될 준비를 내포하고 있는 점도 제3차 선교여행에서 특별히 살펴봐야 할 부분이다.

바울 일행이 안디옥으로 돌아가면서 두 번째 선교여행을 마칠 무렵 있었던 일들을 기록한다. "바울은 더 여러 날 머물다가 형제들과 작별하고 배 타고 수리아로 떠나갈새 브리스길라와 아굴라도 함께하더라 바울이 일찍이 서원이 있었으므로 겐그레아에서 머리를 깎았더라. 에베소에 와서 그들을 거기 머물게 하고 자기는 회당에 들어가서 유대인들과 변론하니 여러 사람이 더 오래 있기를 청하되 허락하지 아니하고 작별하여 이르되 만일 하나님의 뜻이면 너희에게 돌아오리라 하고 배를 타고 에베소를 떠나 가이사랴에 상륙하여 올라가 교회의 안부를 물은 후에 안디옥으로 내려가서 얼마 있다가 떠나 갈라디아와 브루기아 땅을 차례로 다니며 모든 제자를 굳건하게 하니라. 알렉산드리아에서 난 아볼로라 하는 유대인이 에베소에 이르니 이 사람은 언변이 좋고 성경에 능통한 자라. 그가 일찍이 주의 도를 배워 열심으로 예수에 관한 것을 자세히 말하며 가르치나 요한의 세례만 알 따름이라. 그가 회당에서 담대히 말하기 시작하거늘 브리스길라와 아굴라가 듣고 데려다가 하나님의 도를 더 정확하게 풀어 이르더라. 아볼로가 아가야로 건너가고자 함으로 형제들이 그를 격려하며 제자들에게 편지를 써 영접하라 하였더니 그가 가매 은혜로 말미암아 믿은 자들에게 많은 유익을 주니 이는 성경으로써 예수는 그리스도라고 증언하여 공중 앞에서 힘 있게 유대인의 말을 이김이러라"(행 18:18-28).

유대인들의 고소가 기각되다

바울은 전도하던 중 유대인들의 집요한 박해를 받았다. 고린도에서 전도할 때는 유대인들의 고소로 법정에 서기도 했다. 유대인들은 바울이 "율법을 어기면서 하나님을 경외하라고 사람들을 권한다"(13절)고 고소한 이유를 밝혔다. 그러나 갈리오 총독은 그 문제가 유대인들 간의 사소한 종교적 갈등이므로 재판하지 않겠다고 하여 고소 자체가 기각되고 말았다. 세상 법정에서 오히려 바울을 도와준 격이 되었다.

하지만 좋은 일만 계속되지는 않았다. 회당장 소스데네를 유대인들이 법정 앞에서 때리는 사건이 있었다. 하지만 갈리오 총독은 그 일에 대해서는 전혀 상관하지 않았다(17절). 전 회당장 그리스보가 가족들과 더불어 예수님을 믿게 된 후(8절) 후임으로 임명된 새 회당장인 듯한데 왜 유대인들이 폭행했는지는 분명히 기록되지 않았다. 나중에 고린도전서를 보낼 때 시작 부분에서 바울은 '형제 소스데네'와 함께 편지를 쓴다고 했다(고전 1:1). 틀림없이 소스데네는 복음을 위해 헌신했다는 이유로 매를 맞았을 것으로 보인다.

안디옥으로 돌아오다

고린도에서 사역을 마친 바울은 브리스길라와 아굴라 부부와 함께 떠났다가 그들을 에베소에 머물러 있게 한 후에 안디옥으로 돌아왔다. 이렇게 하여 제2차 선교여행을 마쳤다. 바울은 제3차 선교여행 때 에베소에서 집중적인 사역을 했다. 이미 브리스길라와 아굴라 부부가 에베소에서 사역의 터전을 마련해 놓고 있었다. 동역자들과 함께 사역하니 어려움이 있어도 계속 감당할 수 있는 동력이 생겼음을 자연스럽게 상상할 수 있다.

성경에 능통한 아볼로를 양육하여 세워주다

한편 에베소에 머물러 있던 브리스길라와 아굴라는 언변이 좋고 성경에 능통한 알렉산드리아 출신의 유대인 아볼로를 양육했다(24-28절). 그는 율법에 정통했지만 요한의 세례까지만 알고 있었다. 브리스길라와 아굴라가 그들의 가정교회로 아볼로를 불러 그리스도에 관한 교훈을 자세히 알려주었다. 그래서 그를 양육하여 바울의 뒤를 이어 말씀 사역을 할 수 있도록 하였다. 결국 아볼로도 바울의 훌륭한 동역자가 되어 복음 전파를 계속했다.

바울은 지속해서 박해를 받으며 전도를 했지만 그의 곁에 동역자들이 함께했기에 그 모든 어려움을 이겨낼 수 있었다. 일터 전도를 함께 할 동역자가 우리에게 있는가 확인하고 함께 복음 사역을 감당하기 위해 노력해야 한다. 우리 자신이 동역자가 되어야 함도 명심해야 한다.

 "하나님 아버지, 박해받으며 복음을 전했지만 바울에게는 동역자들이 있었습니다. 일터 전도를 함께 할 동역자를 우리에게 보내주시고 우리가 서로 힘을 합해 일터 전도를 계속하여 하나님 나라가 우리의 일터에 임하게 하는 일을 감당할 수 있게 인도해 주소서."

>>> 사도행전 19:1-12

04 에베소의 오순절

부흥사 무디가 집회에서 설교하던 어느 날 청중들에게 질문했다.
"어떻게 하면 이 컵에서 공기를 제거할 수 있을까요?"

그러자 한 사람이 펌프로 공기를 빨아들일 수 있다고 답했다.

무디는 "그렇게 하면 컵 내부는 진공 상태가 되어 깨어지고 말지요"라고 답했다.

여러 사람의 다양한 대답을 들은 후 무디는 물 주전자를 들어 그 컵에 물을 가득 채웠다. 그리고 말했다.

"자, 보십시오. 공기가 제거되지 않았습니까? 마찬가지입니다. 우리도 성령님을 채움으로 우리 속의 죄를 제거하고 성령 충만할 수 있습니다."

에베소에서도 예루살렘의 오순절 성령 강림과 같은 놀라운 일이 일어났다. 그간 역사하셨던 성령님이 에베소에서도 동일하게 역사하셨다. "아볼로가 고린도에 있을 때에 바울이 윗지방으로 다녀 에베소에 와서 어떤 제자들을 만나 이르되 너희가 믿을 때에 성령을 받았느냐. 이르되 아니라. 우리는 성령이 계심도 듣지 못하였노라. 바울이 이르되 그러면 너희가 무슨 세례를 받았느냐 대답하되 요한의 세례니라. 바울이 이르되 요한이 회개의 세례를 베풀며 백성에게 말하되 내 뒤에 오시는 이를 믿으라 하였으니 이는 곧 예수라 하거늘 그들이 듣고 주 예수의 이름으로 세례를 받으니 바울이 그들에게 안수하매 성령이 그들에게 임하시므로 방언도 하고 예언도 하니 모두 열두 사람쯤 되니라. 바울이 회당에 들어가 석 달 동안 담대히 하나님 나라에 관하여 강론하며 권면하되 어떤 사람들은 마음이 굳어 순종하지 않고 무리 앞에서 이 도를 비방하거늘 바울이 그들을 떠나 제자들을 따로 세우고 두란노 서원에서 날마다 강론하니라. 두 해 동안 이같이 하니 아시아에 사는 자는 유대인이나 헬라인이나 다 주의 말씀을 듣더라. 하나님이 바울의 손으로 놀라운 능력을 행하게 하시니 심지어 사람들이 바울의 몸에서 손수건이나 앞치마를 가져다가 병든 사람에게 얹으면 그 병이 떠나고 악귀도 나가더라"(행 19:1-12).

에베소의 제자들도 성령을 받았다

사도 바울은 제3차 선교여행 중 에베소에서 꽤 오랜 시간을 머물며 전도했다. 에베소에서 특별한 일이 있었다. 에베소에 도착해 보니 성령 세례에 대해서 모르는 제자들이 많았다. 그들은 아예 성령이 계심도 듣지 못했다고 했다. 요한의 세례까지만 받았다는 제자들에게 바울은 예수님에 대해 말하며 복음을 자세히 알려주었다. 요한이 회개의 세례를 베풀 때 백성에게 "내 뒤에 오시는 이를 믿으라"고 했던 분이 바로 예수님이라고 알려주었다. 그래서 예수님의 이름으로 에베소의 제자들에게 세례를 베풀었다. 바울이 그들에게 안수할 때 성령님이 그들에게 임하셨는데 말 그대로 '에베소의 오순절'이었다. 예수님이 십자가에서 죽임당하시고 부활하신 날 저녁에 숨어 있던 제자들에게 오셔서 숨을 내쉬며 "성령을 받으라"고 하셨다(요 20:19-22). 이후 예수님의 승천 후 오순절에 예루살렘에서 성령이 강림하셨다(행 2:1-4). 이후 사마리아에서도 복음을 듣고 회심한 사람들이 베드로와 요한이 기도하고 안수할 때 성령을 받았다(행 8:14-17).

열두 사람쯤 되는 제자들을 양육하다

그런데 에베소의 오순절은 사도 바울이 안수하여 성령께서 그들에게 임하실 때 그들이 방언도 하고 예언도 했다. 예루살렘에서 있었던 오순절 성령 강림과 같이 방언을 하게 된 점도 특별하고 의미 있다(행 19:5-6). 더구나 에베소에서 성령 받은 사람들이 "모두 열두 사람쯤"(행 19:7) 되었다고 기록한다. 예루살렘에서 있었던 오순절 성령 강림 때 열두 사도가 주축이 된 것 같이 에베소에서 성령 받은 사람이 열두 사람쯤 된다는 사실은 오순절의 성령 강림 사건과 닮아 있다는 인상을 주기에 충분하다. 성령이 충만하게 임하신 사건 이후 바울은 에베소 교회의 성도를 양육했다. 처음에 3개월 동안 회당에서 복음을 전했으며 비방자들을 제외한 제자들을 중심으로 두란노 서원에서 2년 동안 말씀을 강론하며 양육했다. 그야말로 바울은 일하는 전도자요 일터의 양육자였다.

말씀과 능력으로 확산하는 하나님 나라

바울이 안식일이 아닌 평일에 강론할 수 있었던 두란노 서원 사역은 에베소교회의 구성원들에서 외부인들로 확대되었다. 사람들이 많이 모였는데 이렇게 표현한다. "두 해 동안 이같이 하니 아시아에 사는 자는 유대인이나 헬라인이나 다 주의 말씀을 듣더라"(10절). 말씀 사역과 더불어 바울은 하나님의 놀라운 이적을 행했다(13-20절). 마술사의 술법과는(13절) 차원이 다른 하나님의 능력임을 입증했다. 바울이 일하며 쓰던 손수건이나 앞치마를 통해서도 병을 고치는 이적이 나타났다. 이런 하나님의 역사를 통해서 회개운동이 일어나고 마술하는 사람들이 책을 불사르는 등 하나님의 말씀 능력이 에베소에서 힘 있게 역사했다. 우리도 성령 충만함을 받으면 이런 놀라운 전도와 부흥의 역사에 동참할 수 있다.

우리도 성령 충만하여 일터에서 일하면서 전도자와 양육자의 사명을 다할 수 있다. 또한 바울이 회당에서나(8절) 두란노 서원에서도 하나님 나라에 대해 강론했음을 기억해야 한다. 성령 충만하여 하나님 나라가 온전히 임하게 하는 일에 힘써야 한다.

 "하나님 아버지, 에베소의 오순절을 통해 예수님을 믿은 사람들이 성령의 충만함을 체험했습니다. 오늘도 성령 충만하여 하나님 나라가 임하게 하는 일에 매진하게 도와주소서. 하나님의 말씀을 공부하는 일을 잘할 수 있게 인도해 주소서."

05

>>> 사도행전 19:23-29

복음 전파가 가져온
소비 패턴의 변화

에베소에서 마술하는 유대인들이 시험 삼아 예수님의 이름으로 축귀를 하려고 하다가 낭패를 당한 일이 있었다. 유대의 한 제사장 스게와의 일곱 아들이 이런 일을 하다가 악귀 들린 사람에게 몸을 상해 도망갔다. 에베소에 사는 유대인들과 헬라인들이 이 일을 알고 두려워하며 예수님의 이름을 높였다. 마술하던 많은 사람이 마술책을 모아 불살랐는데 그 책값이 은 오만이나 되고 에베소에서 주의 말씀이 흥왕해서 큰 힘을 얻게 되었다(행 19:13-20). 복음의 능력이 마술사들의 생계 수단을 불사를 만큼 강력한 결단을 가능하게 했다.

또한 에베소에서는 회심한 사람들의 소비 패턴의 변화를 확인해주는 재미있고도 인상적인 소동도 있었다. "그 때쯤 되어 이 도로 말미암아 적지 않은 소동이 있었으니 즉 데메드리오라 하는 어떤 은장색이 은으로 아데미의 신상 모형을 만들어 직공들에게 적지 않은 벌이를 하게 하더니 그가 그 직공들과 그러한 영업하는 자들을 모아 이르되 여러분도 알거니와 우리의 풍족한 생활이 이 생업에 있는데 이 바울이 에베소뿐 아니라 거의 전 아시아를 통하여 수많은 사람을 권유하여 말하되 사람의 손으로 만든 것들은 신이 아니라 하니 이는 그대들도 보고 들은 것이라. 우리의 이 영업이 천하여질 위험이 있을 뿐 아니라 큰 여신 아데미의 신전도 무시 당하게 되고 온 아시아와 천하가 위하는 그의 위엄도 떨어질까 하노라 하더라. 그들이 이 말을 듣고 분노가 가득하여 외쳐 이르되 크다 에베소 사람의 아데미여 하니 온 시내가 요란하여 바울과 같이 다니는 마게도냐 사람 가이오와 아리스다고를 붙들어 일제히 연극장으로 달려 들어가는지라"(행 19:23-29).

어리석고 헛된 우상 숭배

한 힌두교인이 기독교로 개종해 조상들의 종교를 버렸다고 비난받자 한 선교사가 자신에게 했던 이야기를 소개했다. 선교사가 자신이 섬기는 돌 신상과 강아지를 강에 던지면 어떻게 되겠느냐고 물어서 그는 강아지는 헤엄쳐 나오고 신상은 가라앉는다고 대답했다. 그렇게 대답하면서 생각해 보니 자신이 섬기는 돌 신상은 강아지만도 못하다는 생각이 들었다. 이렇게 돌이켜서 회심하면 정말 아무것도 아닌 우상을 엉뚱하게 숭배했음을 깨닫게 된다. 아데미 신전의 본산인 에베소에서 이런 헛된 우상 숭배와 관련한 경제적 측면의 논란이 있었다.

사람의 손으로 만든 것들은 신이 아니라니

아데미(아르테미스) 신상을 만들어 파는 은세공업자(은장색) 데메드리오가 직공들과 영업사원들에게 했던 우려 섞인 업계 전망은 예리하고 타당성이 충분했다. 자신들의 풍족한 생활이 아데미 신상 제작과 판매에 달려 있는데 바울 일행이 "사람의 손으로 만든 것들은 신이 아니라"고 하니 큰일이 났다는 이야기였다. 바울 일행이 에베소뿐 아니라 아시아와 유럽을 다니며 전도해서 회심자가 늘어나면 우상 제조와 판매업에 닥칠 큰 타격이 불을 보듯 뻔하다는 지적이었다.

에베소의 아데미 신상 제작은 소아시아에서는 막강한 경제적 힘이었다. 사냥과 농사의 성공과 다산(多産)의 희망을 안고 순례자들이 아데미 신전으로 몰려왔다. 데메드리오는 사람들이 기독교로 개종하면 소비 패턴이 달라질 것을 정확히 예측하고 대안을 마련하려고 했다(TOW프로젝트 지음, 「일하는 크리스천을 위한 사복음서·사도행전」, 두란노 펴냄, 263-264.). 데메드리오의 날카로운 분석에 반응하여 분노한 군중이 "에베소 사람의 아데미여!"라는 구호를 두 시간이나 목소리 높이 외치며 시위했다(28절).

복음으로 인한 사회적 변화가 갈등을 유발하더라도…

에베소 시의 서기장이 신전 물건을 도둑질하거나 여신을 비방하지도 않은 사람을 붙잡아 온 것은 합법적이지 않고 정식으로 재판에 회부하거나 민회에서 해결하라고 중재했다. 그리고 집회를 불법으로 규정하고 해산시켰다. 이것은 바울의 전도가 전혀 불법이 아니라는 입증이 되었다. 이런 어려움을 겪으면서도 복음은 더욱 왕성하게 세력을 확장해 갔음을 확인할 수 있다. 또한 복음 전파가 가져올 수 있는 사람들의 소비 패턴의 변화가 사회의 경제적 갈등을 초래할 수 있고 갈등을 유발할 수도 있음을 보여준다.

예수님을 믿고 난 후 자신의 소비 패턴이 변화가 있었는지 확인해 보라. 돈의 사용이 세계관과 가치관을 보여준다. 우리는 예수님을 믿은 후 '아데미 여신상' 구매를 포기했는가? 혹시 꼭 갖고 싶은 브랜드 상품이 우리의 또 다른 우상 숭배는 아닌지 돌아보아야 한다.

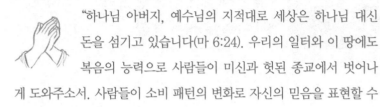 "하나님 아버지, 예수님의 지적대로 세상은 하나님 대신 돈을 섬기고 있습니다(마 6:24). 우리의 일터와 이 땅에도 복음의 능력으로 사람들이 미신과 헛된 종교에서 벗어나게 도와주소서. 사람들이 소비 패턴의 변화로 자신의 믿음을 표현할 수 있게 인도해 주소서."

06

>>> 사도행전 20:1-12

말씀에 대한 열정과
이적을 통한 기쁨

오래전이지만 아놀드 로제라는 시베리아 출신 그리스도인의 간증을 보면 예전의 시베리아 지하 교회 성도들이 성경을 얼마나 사모했는지 알 수 있다. 그는 6,000㎞ 떨어진 시베리아까지 성경 서른 권을 전해주기 위해 갔다. 그런데 로제는 시베리아에 가서 이삼십 년 넘게 성경을 가지기를 기도하고 있었다는 지하 교회 지도자들의 이야기를 들었다. 성경을 전하러 간 사람들이나 받은 사람들이 모두 무릎을 꿇고 기쁨과 감격의 눈물을 흘리며 감사의 기도를 드렸다. 아놀드 로제가 오늘 우리에게 질문한다. "당신은 몇 권이든, 얼마든지 가질 수 있는 성경책에 대해 감사해 본 적이 있습니까?"

초기 교회의 그리스도인들도 하나님의 말씀에 대한 열정이 대단했음을 보여주는 한 사건을 사도행전은 기록한다. "소요가 그치매 바울은 제자들을 불러 권한 후에 작별하고 떠나 마게도냐로 가니라. 그 지방으로 다녀가며 여러 말로 제자들에게 권하고 헬라에 이르러 거기 석 달 동안 있다가 배 타고 수리아로 가고자 할 그 때에 유대인들이 자기를 해하려고 공모하므로 마게도냐를 거쳐 돌아가기로 작정

234 | 일터에서 만난 성령님

하니 아시아까지 함께 가는 자는 베뢰아 사람 부로의 아들 소바더와 데살로니가 사람 아리스다고와 세군도와 더베 사람 가이오와 및 디모데와 아시아 사람 두기고와 드로비모라. 그들은 먼저 가서 드로아에서 우리를 기다리더라. 우리는 무교절 후에 빌립보에서 배로 떠나 닷새 만에 드로아에 있는 그들에게 가서 이레를 머무니라. 그 주간의 첫날에 우리가 떡을 떼려 하여 모였더니 바울이 이튿날 떠나고자 하여 그들에게 강론할새 말을 밤중까지 계속하매 우리가 모인 윗다락에 등불을 많이 켰는데 유두고라 하는 청년이 창에 걸터앉아 있다가 깊이 졸더니 바울이 강론하기를 더 오래 하매 졸음을 이기지 못하여 삼 층에서 떨어지거늘 일으켜 보니 죽었는지라. 바울이 내려가서 그 위에 엎드려 그 몸을 안고 말하되 떠들지 말라. 생명이 그에게 있다 하고 올라가 떡을 떼어 먹고 오랫동안 곧 날이 새기까지 이야기하고 떠나니라. 사람들이 살아난 청년을 데리고 가서 적지 않게 위로를 받았더라"(행 20:1-12).

계속되는 박해와 죽음의 위협에도…

에베소에서 있었던 소요를 피해 형제들을 권면하고 떠난 바울 일행은 유럽 땅 마게도냐로 갔다. 빌립보와 데살로니가에 있는 교회들을 방문하여 복음을 전했을 듯하다. 다시 베뢰아와 고린도 등을 거쳐 3개월 후 뱃길로 안디옥으로 돌아가 선교여행을 마치려고 했다. 그러나 유대인들이 바울을 죽이려고 공모했다는 소식을 듣고 위험을 피해 돌아가는 여정을 택해야 했다. 온 길을 되돌아 육로로 베뢰아와 데살로니가를 거치면서 함께 가는 여러 사람과 동행하다가 그들은 모두 소아시아 땅 드로아로 먼저 가서 기다렸다. 바울의 전도팀은 무교절 후에 빌립보를 거쳐 뱃길로 드로아로 갔다. 그들의 선교 여정에 이런 심각한 위험과 생명의 위협이 늘 있었으나 그것이 선교를 멈출 수 없었다는 사실은 놀랍다. 이제 누가는 드로아에서 있었던 한 사건을 우리에게 들려준다.

말씀에 대한 성도들의 열정

오늘날 우리는 예배를 드리면서 설교가 조금만 길어져도 시계를 쳐다보고 하품하곤 한다. 그런데 초대교회 성도들은 달랐다. 성경을 구해 읽거나 말씀을 들을 기회가 오늘 우리 시대보다 확실히 적긴 했겠지만, 그들은 아마도 저녁 시간에 시작한 집회에서 말씀을 들을 때 밤늦게까지 듣기도 했다. 바울이 다음날 드로아를 떠나기로 했으니 평소보다 집회 시간이 길어졌을까, 바울은 밤중까지 말씀을 계속 전했다. 또한 모인 사람들이 많기도 하여 3층 난간에까지 걸터앉아 말씀을 듣다가 졸아서 떨어져 죽은 사람도 있었다. 사도가 전하는 말씀을 듣는 부흥회에서 난데없는 비극의 그림자가 드리웠다.

하나님의 이적을 통한 기쁨

그런데 바울은 마치 엘리야가 과부의 죽은 아들 위에 엎드렸듯이 (왕상 17:21) 유두고 위에 엎드려 그 몸을 안고 말했다. "떠들지 말라 생명이 그에게 있다!" 3층에서 떨어져 죽은 청년 유두고를 바울이 살렸다. 그들은 함께 식사하면서 유두고가 살아남을 축하했다. 그리고 날이 새기까지, 바울이 떠나는 시간까지 말씀을 나누며 교제했다. 하나님의 능력을 확신한 바울을 통한 이적으로 드로아 지역의 성도들은 두 배의 기쁨을 누렸다. 오랜만에 사도의 말씀을, 그것도 밤을 새워 들을 수 있었던 기쁨이었다. 또한 죽은 젊은이가 살아나는 놀라운 이적으로 기쁨이 배가되었다.

집요한 유대인들의 박해와 생명의 위협에도 선교를 멈추지 않던 바울과 선교팀원들의 열정을 배워야 한다. 밤을 새워 말씀을 듣는 제자들에게 하나님의 놀라운 역사가 일어났음을 기억해야 한다. 말씀의 능력으로 세상에 기쁨을 가져올 수 있도록 우리도 노력해야 한다.

 "하나님 아버지, 하나님의 말씀을 사모하고 말씀을 지키려는 의지를 다지고 실천하는 복된 사람이 되게 하여 주소서. 말씀이 삶을 변화시키는 역사를 삶 속에서 실현할 수 있게 주님이 함께하여 주소서."

07

>>> 사도행전 20:17-21, 31-35

바울의 마지막 회고

세계를 무대로 복음을 전했던 빌리 그레이엄 목사는 나이가 들어 감에 따라 점점 성령의 힘에 의존하며 전도하게 된다고 고백했던 적이 있다. 젊었을 때는 사람들을 설득하려다 보니 복음의 논리로 전도하려고 했다. 하지만 시간이 지나며 점차 성령님께 전적으로 의존하며 복음을 전했다는 것이다. 그레이엄 목사가 이렇게 말했다.

"나는 나 자신의 힘을 완전히 빼고 전도에 임합니다. 우선은 누구든지 성령에 의해 마음이 다져진 사람이 아니면 그리스도께 올 수 없다고 믿습니다. 그리고 누구든지 하나님이 이끌어 주시지 않으면 아무도 그리스도께 올 수 없다고 믿습니다."

바울이 밀레도에서 에베소교회 장로들을 청하여 복음 전도사역을 회고하며 유언처럼 당부하고 있다. "바울이 밀레도에서 사람을 에베소로 보내어 교회 장로들을 청하니 오매 그들에게 말하되 아시아에 들어온 첫날부터 지금까지 내가 항상 여러분 가운데서 어떻게 행하였는지를 여러분도 아는 바니 곧 모든 겸손과 눈물이며 유대인의 간계로 말미암아 당한 시험을 참고 주를 섬긴 것과 유익한 것은 무엇이든지 공중 앞에서나 각 집에서나 거리낌이 없이 여러분에게 전하여 가르치고 유대인과 헬라인들에게 하나님께 대한 회개와 우리 주 예수 그리스도께 대한 믿음을 증언한 것이라. …그러므로 여러분이 일깨어 내가 삼 년이나 밤낮 쉬지 않고 눈물로 각 사람을 훈계하던 것을 기억하라. 지금 내가 여러분을 주와 및 그 은혜의 말씀에 부탁하노니 그 말씀이 여러분을 능히 든든히 세우사 거룩하게 하심을 입은 모든 자 가운데 기업이 있게 하시리라. 내가 아무의 은이나 금이나 의복을 탐하지 아니하였고 여러분이 아는 바와 같이 이 손으로 나와 내 동행들이 쓰는 것을 충당하여 범사에 여러분에게 모본을 보여준 바와 같이 수고하여 약한 사람들을 돕고 또 주 예수께서 친히 말씀하신 바 주는 것이 받는 것보다 복이 있다 하심을 기억하여야 할지니라"(행 20:17-21, 31-35).

나의 달려갈 길을 가리라

뱃길을 통해 예루살렘에 속히 가기 위해 서두르던 바울은 밀레도에 이르러 멀지 않은 곳인 에베소교회의 장로들을 그곳으로 오라고 했다. 고별 설교를 하면서 에베소 사역을 돌아보는 바울은 어떤 어려움이 닥쳐오더라도 하나님이 주신 복음 전파의 사명을 다하겠다는 결심을 확고히 했다(23-24절). 결박과 환난이 닥쳐온다는 것을 알려주신 분도 성령님이지만 본래 바울이 가진 사명 또한 하나님이 주신 것임을 잘 알고 있었다. 바울은 자신의 목숨을 바쳐서라도 복음 증거를 계속하기로 결심했다. "보라. 내가 여러분 중에 왕래하며 하나님의 나라를 전파하였"다고 회고하는 바울은 에베소 교회의 지도자들이 하나님의 뜻을 명심하기를 부탁한다. 복음 외에 어그러진 말을 하는 사나운 이리 같은 거짓 교사들이 혹시 교회에 들어오더라도 양 떼를 잘 돌보기를 바라고 있다(25-30절).

여러분을 주님과 그 말씀에 부탁하노니…

바울은 자신이 복음을 전하던 선교여행 중 어떤 곳에서도 그렇게 하지 않았던, 3년간 장기 체류하며 밤낮 쉬지 않고 눈물로 성도들을 가르쳤던 일을 기억해 달라고 했다. 주님과 주님의 말씀에 에베소 교회의 성도들을 맡겼다. 말씀이 그들을 든든히 세우고 거룩하게 할 것이라고 소망을 말했다(31-32절). 또한 바울은 에베소에서 오랫동안 복음 전도사역을 하면서도 성도들에게 재정적 부담을 지우지 않고 자신과 동행하는 사람들의 생활비를 충당했다고 말한다(33-34절). 천막 만드는 일을 하면서 손수건과 앞치마도 두고 오지 못하면서 두란노 서원에서 강론하며 복음을 전했던 일을 에베소교회 장로들은 잘 알고 있었다. 일하는 선교사였던 바울이 자비량 사역자(Tentmaker)로 일한 대표적 모범을 에베소에서 보여주었다.

그리고 바울은 이렇게 자신이 보인 자비량 사역을 본보기로 삼으라고 장로들을 권한다. 일하며 수고하여 약한 사람들을 도우며 복음 사역을 하라고 한다(34-35절). 그리고 복음서에 나오지 않는 예수님의 말씀을 소개한다. "주 예수께서 친히 말씀하신 바 주는 것이 받는 것보다 복이 있다 하심을 기억하여야 할지니라"(35절 하). 이렇게 사도 바울이 힘과 열정을 다하고 정성을 기울여 복음을 전했던 에베소 교회가 뒷날에 사도 요한이 쓴 요한계시록에는 첫사랑을 잃은 교회가 되어 책망을 들은 일은 참으로 안타깝다(계 2:4-5).

예루살렘에 가면 결박될 것을 알면서도 "내가 달려갈 길과 주 예수께 받은 사명 곧 하나님의 은혜의 복음을 증언하는 일을 마치려 함에는 나의 생명조차 조금도 귀한 것으로 여기지 아니하노라"(24절)라고 고백했던 바울처럼 하나님 나라를 전하는 우리의 사명을 점검해 보아야 한다.

 "하나님 아버지, 사도 바울이 고백하는 대로 저도 일생을 하나님께 드릴 수 있게 도와주소서. 직업을 통해 하나님 나라의 복음을 널리 전파하는 일을 구체적으로 할 수 있게 성령님이 가르쳐 주시고 인도하시기 원합니다."

08

>>> 사도행전 21:1-4, 10-14

주의 뜻대로 이루어지이다

오래 전 한 교회 청년부를 섬길 때 여름 수련회를 위해 기도하며 준비했다. 수련회 낮 시간에 교회당 옆 방에서 잠깐 잠이 든 때 선명한 꿈을 통해서 수련회의 방향을 보았다. 기도회 시간에 성령의 은사가 나타나고 악한 영의 훼방도 심해졌을 때 그 꿈을 해석하는 문제에 봉착했다. 우리에게 유익한 도움인가, 아니면 방해 요인인가에 대해서 오랫동안 토론했고 수련회 후에도 그 꿈의 해석에 대해 생각했지만 정확히 알 수 없었다. 30여 년이 지난 지금도 잘 모르겠다. 그런데 사도행전에서 바울이 했던 경험을 통해 하나님의 뜻이 무엇인지 그 원리는 이해하게 되었다.

사도 바울이 예루살렘으로 가야 하느냐 말아야 하느냐 하는 문제에 대한 해석이 다른 상황을 경험했다. "우리가 그들을 작별하고 배를 타고 바로 고스로 가서 이튿날 로도에 이르러 거기서부터 바다라로 가서 베니게로 건너가는 배를 만나서 타고 가다가 구브로를 바라보고 이를 왼편에 두고 수리아로 항해하여 두로에서 상륙하니 거기서 배의 짐을 풀려 함이러라. 제자들을 찾아 거기서 이레를 머물더니 그 제자들이 성령의 감동으로 바울더러 예루살렘에 들어가지 말라 하더라. …여러 날 머물러 있더니 아가보라 하는 한 선지자가 유대로부터 내려와 우리에게 와서 바울의 띠를 가져다가 자기 수족을 잡아매고 말하기를 성령이 말씀하시되 예루살렘에서 유대인들이 이같이 이 띠 임자를 결박하여 이방인의 손에 넘겨주리라 하거늘 우리가 그 말을 듣고 그곳 사람들과 더불어 바울에게 예루살렘으로 올라가지 말라 권하니 바울이 대답하되 여러분이 어찌하여 울어 내 마음을 상하게 하느냐. 나는 주 예수의 이름을 위하여 결박당할 뿐 아니라 예루살렘에서 죽을 것도 각오하였노라 하니 그가 권함을 받지 아니하므로 우리가 주의 뜻대로 이루어지이다 하고 그쳤노라"(행 21:1-4, 10-14).

결박될 것이니 예루살렘에 가지 말라

바울은 제3차 선교여행을, 출발지인 안디옥이 아니라 예루살렘에서 마치려고 했다. 바울의 계획에는 다분히 로마로 간 후 스페인까지 가서 복음을 전하려는 의도가 담겨 있었다. 그런데 바울이 예루살렘으로 가는 일에 대해 성령의 감동을 받은 두 부류의 사람들이 동일하게 만류했다(4, 11절). 두로의 제자들이 바울에게 예루살렘에 들어가지 말라고 했다. 그 제자들은 "성령의 감동으로" 바울의 예루살렘행을 만류했다(4절).

또한 가이사랴에서 빌립 집사의 집에 머물 때 아가보 선지자가 유대에서 내려왔다. 아가보가 바울의 띠를 가져다가 자기 수족을 잡아매는 퍼포먼스를 하면서 성령이 말씀하신 내용을 바울에게 전해주었다. "예루살렘에서 유대인들이 이같이 이 띠 임자를 결박하여 이방인의 손에 넘겨주리라"(11절). 이 말을 듣고 그곳 사람들뿐만 아니라 바울의 선교팀원들도 함께 바울의 예루살렘행을 만류했다.

예루살렘에서 죽을 것도 각오했노라

그들은 예루살렘으로 올라가면 바울이 체포될 것이니 가지 말라고 권했다. 성령님이 그들에게 바울이 예루살렘에 가면 겪게 될 '사실'을 보여주셨다. 그런데 아마 바울도 같은 환상을 본 듯하다. 즉 바울과 만류하는 사람들 간에는 환상의 해석에 이견이 있었다. 바울은 분명히 하나님이 주신 확신이 있기에 죽더라도 예루살렘으로 가겠다는 단호한 결심을 피력했다. 바울도 예루살렘에 가면 체포 당하여 심문을 받는 등 사법적 절차를 통해 어려움을 겪는다는 사실을 잘 알았다. 다만 어떤 어려움이 있더라도 로마까지 가기 위해서는 반드시 예루살렘으로 가야 했다. 전에 바울이 에베소에서 예루살렘으로 갈 결심을 하면서 이런 소망을 내비쳤다. "내가 거기 갔다가 후에 로마도 보아야 하리라"(행 19:21 하).

"주의 뜻대로 이루어지이다!"

그러면 성령님이 알려주고 보여주신 같은 환상에 대한 상반된 해석에 대해 어떤 결론을 내릴 수 있는가? 단호한 바울의 결심을 안 주변 사람들은 더는 이 문제에 대해 이러니저러니 다르게 주장하며 다투지 않았다. 자신의 장래에 대해서 성령이 알려주시는 험한 길을 잘 알고 있으면서도 단호히 결단하는 바울의 결심에 수긍한 사람들이 이렇게 말했다.

"주의 뜻대로 이루어지이다!"

이렇게 성령님이 우리를 인도하시는 과정에서는 비전과 새로운 상황에 대한 이해를 종합하여 자신이 결정해야 한다. 그래야 하나님의 뜻을 분명하게 알 수 있다.

성령님의 인도하심을 잘 깨달을 수 있는 지혜를 간구해야 한다. "나는 과연 어떤 어려움이 있더라도 하나님이 주신 인생의 목적을 추구하는가?" 자신을 돌아보고 사도 바울의 경험을 통해 배우기 위해 노력해야 한다.

"하나님 아버지, 사도 바울처럼 결박뿐 아니라 죽음이 닥치더라도 하나님이 주신 사명을 붙들고 나아갈 수 있는 믿음을 허락하여 주소서. '주의 뜻대로 이루어지이다!' 라고 고백하며 성령님의 인도하심에 순종하는 삶을 살게 도와주소서."

>>> 사도행전 21:26-30, 37-40

09

오해받지 않게
노력하고 자신을 입증하라

오해가 있을 때 오해를 풀기 위해서 가장 먼저 해야 할 일은 무엇일까? 그것은 의사소통이다. 전부는 아니라도 많은 오해의 상황은 의사소통의 부재로 인해 생기기 때문이다. 부부 상담가인 퀴베인은 부부가 이혼하는 원인의 50%는 부부 사이에 대화가 원활하지 않은 데 있다고 했다. 경영학의 아버지라 불리는 피터 드러커는 회사 경영이 실패하는 원인의 60%는 직원들 사이의 의사소통이 잘 안 되는 데 있다고 했다.

사도 바울이 예루살렘에서 소동에 휘말렸을 때 어떻게 대처했는지 기록하고 있다. "바울이 이 사람들을 데리고 이튿날 그들과 함께 결례를 행하고 성전에 들어가서 각 사람을 위하여 제사 드릴 때까지의 결례 기간이 만기된 것을 신고하니라. 그 이레가 거의 차매 아시아로부터 온 유대인들이 성전에서 바울을 보고 모든 무리를 충동하여 그를 붙들고 외치되 이스라엘 사람들아 도우라. 이 사람은 각처에서 우리 백성과 율법과 이곳을 비방하여 모든 사람을 가르치는 그 자인데 또 헬라인을 데리고 성전에 들어가서 이 거룩한 곳을 더럽혔다

하니 이는 그들이 전에 에베소 사람 드로비모가 바울과 함께 시내에 있음을 보고 바울이 그를 성전에 데리고 들어간 줄로 생각함이러라. 온 성이 소동하여 백성이 달려와 모여 바울을 잡아 성전 밖으로 끌고 나가니 문들이 곧 닫히더라. …바울을 데리고 영내로 들어가려 할 그 때에 바울이 천부장에게 이르되 내가 당신에게 말할 수 있느냐. 이르되 네가 헬라 말을 아느냐. 그러면 네가 이전에 소요를 일으켜 자객 사천 명을 거느리고 광야로 가던 애굽인이 아니냐. 바울이 이르되 나는 유대인이라 소읍이 아닌 길리기아 다소 시의 시민이니 청컨대 백성에게 말하기를 허락하라 하니 천부장이 허락하거늘 바울이 층대 위에 서서 백성에게 손짓하여 매우 조용히 한 후에 히브리 말로 말하니라"(행 21:26-30, 37-40).

오해받지 않기 위해 최대한 노력하라

예루살렘에 도착한 사도 바울은 교회 사람들의 환영도 받았지만 율법에 열심인 유대인들의 위협에 직면했다. 그들은 바울이 여러 곳을 돌아다니면서 유대인들과 이방인들에게 복음을 전했던 사실을 잘 알고 있었다. 예루살렘교회의 사도 야고보와 장로들의 조언을 들으며 바울은 유대인들의 오해를 받지 않으려고 노력했다. 그래서 바울은 서원한 사람과 함께 결례를 행하고 머리를 깎았다. 그러면 바울도 율법을 준수하는 줄 알고 오해를 풀 것이라고 예루살렘교회의 지도자 야고보와 장로들의 제안을 받아들인 것이다(17-24절). 갈라디아서 등에서 율법주의를 단호히 배격했던 바울을 생각하면 이러한 행동이 다소 이해가 되지 않는다. 그러나 유대인에게는 유대인이 되고 율법 아래 있는 자들에게는 율법 아래 있는 자처럼 된다는 바울의 복음 전도 원칙에 따라(고전 9:20) 그렇게 했으리라 짐작할 수 있다.

그래도 오해받으면 최대한 입증하라

결례까지 하고 머리를 깎기도 했건만 바울은 열성적인 유대인들에게 붙잡혔다. 또다시 그들은 바울에게 헬라인을 성전에 데리고 들어갔다고 혐의를 뒤집어씌웠다. 에베소 사람 드로비모가 바울과 함께 시내에 있었지만 성전에 들어가지 않았는데 그 사람들이 착각했다. 결국 예루살렘 시내가 소란해져서 바울은 군사들에게 사로잡혀 죽을 뻔했다가 겨우 위기를 모면했다. 그래서 바울은 천부장에게 기회를 얻어 백성들에게 말할 수 있게 되었다. 자신의 문제를 변호할 기회를 얻게 되었다(40절).

이런 변명의 기회를 얻는 과정에서 놓치지 말아야 할 점이 있다. 바울을 데리고 영내로 들어가라고 할 때 바울이 로마인인 천부장에게 말했다. "내가 당신에게 말할 수 있느냐?"(37절) 그런데 헬라 말을 했다. 바울을 식민지의 종교 관련 폭동을 유발한 나이 든 한 유대인쯤으로 알았는데 유창한 헬라 말을 하자 천부장은 깜짝 놀랐을 듯하다. 당황한 듯 천부장은 4천 명의 자객을 거느린 애굽 출신의 소요를 일으킨 우두머리인지 바울에게 물었다. 이런 바울의 탁월한 헬라어 능력이 변명할 기회를 제공했다(39-40절).

이렇게 최대한 자신을 입증하려는 노력을 기울일 때 오해를 풀 기회도 생긴다(22장). 바울의 상황을 우리의 직장생활에서도 마찬가지로 적용할 수 있다. 우리는 오해받지 않기 위해 노력해야 한다. 그러다가 오해를 받게 되어도 적극적으로 자신을 입증할 기회를 스스로 찾을 수 있어야 하겠다.

오해받을 때 그저 한탄만 하지 않고 적극적으로 자신을 변호할 수 있어야 한다. 그보다 먼저 오해받지 않는 일이 더욱 중요하다. 오해받지 않기 위해서도 적극적으로 판단하여 행동해야 한다.

 "하나님 아버지, 저의 직장생활에서 오해받지 않기 위해 노력하겠습니다. 오해받더라도 오해를 풀어 입증할 수 있는 능력을 갖추어 크리스천다움을 제대로 변명할 수 있게 주님이 도와주소서."

10

오해 극복을 위한
세 가지 변명 전략

예전에 미국의 한 대통령이 식당에서 식사하며 브로콜리를 절대 넣지 말라는 당부를 했다. 그러자 이 소문이 퍼져 미국 내 브로콜리 소비량이 급감했다. 타격을 크게 받은 농장주들은 이렇게 문제를 해결했다. 화물 트럭에 최상품 브로콜리를 가득 실어서 백악관으로 보내면서 편지를 동봉했다. "이것은 당신을 대통령으로 뽑아준 국민이 즐겨 먹는 채소입니다. 비타민을 비롯해 각종 영양소가 골고루 들어 있으니 즐겨 드시면 감사하겠습니다." 이 브로콜리 선물 사건으로 미국의 브로콜리 소비량이 예전보다 늘어났다. 오해나 문제가 생겼을 때 전략을 가지고 대처해 나가는 지혜가 필요하다.

예루살렘에 도착하여 유대인들의 반대를 받던 바울은 자신을 변호할 기회를 얻어 사람들의 오해를 불식시키려 했다. "나는 유대인으로 길리기아 다소에서 났고 이 성에서 자라 가말리엘의 문하에서 우리 조상들의 율법의 엄한 교훈을 받았고 오늘 너희 모든 사람처럼 하나님께 대하여 열심이 있는 자라. 내가 이 도를 박해하여 사람을 죽이기까지 하고 남녀를 결박하여 옥에 넘겼노니 이에 대제사장과 모든 장로들이 내 증인이라 또 내가 그들에게서 다메섹 형제들에게 가는 공문을 받아 가지고 거기 있는 자들도 결박하여 예루살렘으로 끌어다가 형벌 받게 하려고 가더니 가는 중 다메섹에 가까이 갔을 때에 오정쯤 되어 홀연히 하늘로부터 큰 빛이 나를 둘러 비치매 내가 땅에 엎드러져 들으니 소리 있어 이르되 사울아 사울아 네가 왜 나를 박해하느냐 하시거늘 내가 대답하되 주님 누구시니이까 하니 이르시되 나는 네가 박해하는 나사렛 예수라 하시더라. …천부장이 바울을 영내로 데려가라 명하고 그들이 무슨 일로 그에 대하여 떠드는지 알고자 하여 채찍질하며 심문하라 한대 가죽 줄로 바울을 매니 바울이 곁에 서 있는 백부장더러 이르되 너희가 로마 시민 된 자를 죄도 정하지 아니하고 채찍질할 수 있느냐 하니 백부장이 듣고 가서 천부장에게 전하여 이르되 어찌하려 하느냐 이는 로마 시민이라 하니 천부장이 와서 바울에게 말하되 네가 로마 시민이냐. 내게 말하라. 이르되 그러하다. 천부장이 대답하되 나는 돈을 많이 들여 이 시민권을 얻었노라. 바울이 이르되 나는 나면서부터라 하니 심문하려던 사람들이 곧 그에게서 물러가고 천부장도 그가 로마 시민인 줄 알고 또 그 결박한 것 때문에 두려워하느니라"(행 22:3-8, 24-29).

다메섹 이전 정통 유대교 신앙을 가졌던 때

층대 위에 서서 모인 유대인들에게 자기를 변명할 기회를 얻은 바울은 히브리 말을 하여 청중의 주목도를 높였다(1-2절). 천부장 앞에서 헬라 말을 유창하게 했던 바울이(행 21:37) 이제 청중의 통용어 '아람어'로 말을 시작하니 발언할 기회를 줄 수밖에 없었을 것이다.

바울이 했던 변명의 첫 번째 전략은 정통 유대교 신앙을 가진 자신을 입증하는 것이었다.

자신이 길리기아 다소 성 출신이고 유명한 랍비인 가말리엘의 문하생이었다고 자신을 소개한다. 율법의 엄한 교훈을 따라 하나님께 대한 열심을 보이며 예수 그리스도를 따르는 사람들과 교회를 박해하던 유대교 골수분자였던 자신의 모습을 담담하게 진술했다(3-5절).

다메섹 이후 그리스도를 만났던 때

바울의 두 번째 변명의 전략은 다메섹 사건 이후 그리스도를 만났던 일을 집중적으로 설명하는 것이었다. 바울은 다메섹 사건 이후에 자신의 인생 궤도가 수정되었다고 이야기했다. 기독교인들을 사로잡기 위해 다메섹으로 가던 중 주님을 직접 만나고 음성을 들었던 체험을 구체적으로 말했다. 주님께 자신이 그리스도인들을 박해했고 스데반이 순교할 때도 찬성하고 사람들의 옷을 지킨 증인이었다고 말씀드렸다. 이방인들에게 복음을 전했던 것 역시 하나님이 직접 지시하셨던 것임을 변호했다(17-21절). 그렇게 이방인 전도의 타당성을 입증했다.

로마의 시민권을 이용한 지혜로운 항의

하나님이 바울의 이방 선교를 직접 명령하고 보내셨다는 말까지 들은 유대인들은 광분했다. 옷을 벗어 던지고 소동을 일으키며 바울을 죽이려고 덤벼들었다. 그러자 천부장이 바울을 영내로 데려가라고 하면서 사유를 알기 위해 채찍질하며 심문하라고 했다. 여기서 바울의 변명 세 번째 전략인, 자신의 조건을 활용한 '로마 시민권으로 압박하기'가 나온다. 바울은 자신이 로마 시민권자임을 밝히고 재판도 없이 채찍질할 수 있느냐고 항의하며 따졌다. 그래서 천부장도 바울이 로마 시민임을 확인하고 그를 결박한 것으로 인해 두려워했다. 결국 바울은 절차를 밟아 유대인들의 공회 앞에서 정식 재판을 받게 되었다. 우리도 오해받을 때 체념하지 말고 변명의 전략을 활용해 최대한 집중하여 오해를 풀 수 있어야 한다.

오해받고 문제가 생겼을 때 당황하지 않아야 한다. 오해를 풀고 자신을 입증할 수 있는 지혜를 발휘할 수 있도록 기도하며 노력해 보라. 논리적으로 입증하고 자신의 장점을 최대한 살리고 부각하도록 잘 준비할 수 있다. 또한 바울처럼 복음에 대해 잘 변명할 수 있도록 노력해야 한다.

"하나님 아버지, 일터에서 크리스천이기에 오해받거나 억울한 일을 당할 때가 있습니다. 기독교에 대한 비난과 지탄을 감수해야 할 때도 있습니다. 당황하지 않고 지혜롭게 잘 변명하여 오해를 풀 수 있도록 주님이 인도해 주소서."

바울이 온 이태를 자기 셋집에 머물면서 자기에게 오는 사람을
다 영접하고 하나님의 나라를 전파하며 주 예수 그리스도에 관한 모든 것을
담대하게 거침없이 가르치더라. 사도행전 28:30-31

PART · 6

세상 끝을 향해
가야 할
성령의 사람들

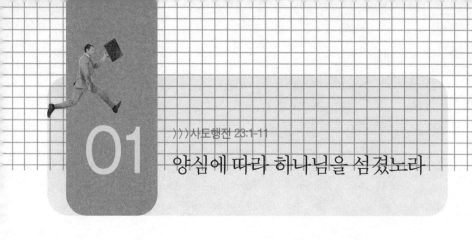

01 양심에 따라 하나님을 섬겼노라

일본의 기독교 사상가 우치무라 간조(內村鑑三)가 말했다. "전선에 전기가 통하는지 안 통하는지 알려면 소켓에 손을 대 보면 알 수 있다. 마찬가지로 마음의 소켓에서 하나님을 전기처럼 느끼는 것이 바로 양심이다. 양심에 하나님의 능력이 짜릿하게 통해오는 것이다. 어떤 이는 '나는 조금도 양심에 하나님을 느낄 수가 없다'고 반박할 수도 있을 것이나 그렇게 말하는 것은 퓨즈가 끊어졌기 때문이다. 그러면 그 양심 소켓에 하나님의 음성이 통하는 퓨즈란 대체 무엇인가? 그것은 사랑이다. 우리는 사랑의 양심 소켓을 통해서 하나님을 알 수 있다."

사도 바울이 예루살렘공회에서 양심선언을 했다. "바울이 공회를 주목하여 이르되 여러분 형제들아 오늘까지 나는 범사에 양심을 따라 하나님을 섬겼노라 하거늘 대제사장 아나니아가 바울 곁에 서 있는 사람들에게 그 입을 치라 명하니 바울이 이르되 회칠한 담이여 하나님이 너를 치시리로다. 네가 나를 율법대로 심판한다고 앉아서 율법을 어기고 나를 치라 하느냐 하니 곁에 선 사람들이 말하되 하나님의 대제사장을 네가 욕하느냐. 바울이 이르되 형제들아 나는 그가 대제사장인 줄 알지 못하였노라. 기록하였으되 너의 백성의 관리를 비방하지 말라 하였느니라 하더라. 바울이 그 중 일부는 사두개인이요 다른 일부는 바리새인인 줄 알고 공회에서 외쳐 이르되 여러분 형제들아 나는 바리새인이요 또 바리새인의 아들이라. 죽은 자의 소망 곧 부활로 말미암아 내가 심문을 받노라. 그 말을 한즉 바리새인과 사두개인 사이에 다툼이 생겨 무리가 나누어지니 이는 사두개인은 부활도 없고 천사도 없고 영도 없다 하고 바리새인은 다 있다 함이라. 크게 떠들새 바리새인 편에서 몇 서기관이 일어나 다투어 이르되 우리가 이 사람을 보니 악한 것이 없도다. 혹 영이나 혹 천사가 그에게 말하였으면 어찌하겠느냐 하여 큰 분쟁이 생기니 천부장은 바울이 그들에게 찢겨질까 하여 군인을 명하여 내려가 무리 가운데서 빼앗아 가지고 영내로 들어가라 하니라. 그 날 밤에 주께서 바울 곁에 서서 이르시되 담대하라 네가 예루살렘에서 나의 일을 증언한 것 같이 로마에서도 증언하여야 하리라 하시니라"(행 23:1-11).

양심을 따라 하나님을 섬긴 나를 율법대로 판단하라

예루살렘공회 앞에 서게 된 바울은 자신을 가장 잘 표현하고 입증할 수 있는 말을 던졌다. "여러분 형제들아, 오늘까지 나는 범사에 양심을 따라 하나님을 섬겼노라." 하나님을 섬기는 신앙을 이보다 단호하고 간결하게 표현하기가 쉽지 않을 텐데, 이 말이 대제사장의 심기를 건드렸다. 그가 바울의 입을 치라고 명령했다. 하지만 바울도 호락호락하지는 않았다. "회칠한 담이여, 하나님이 너를 치시리로다. 네가 나를 율법대로 심판한다고 앉아서 율법을 어기고 나를 치라 하느냐?" 율법대로 판단하려고 하지 않고 먼저 체벌을 가하려는 위법성을 들어 대제사장을 꾸짖었다.

또한 바울은 그가 대제사장이라는 지적을 받고 나서는 "백성의 관원을 비방치 말라"(출 22:28)는 구약 말씀을 인용해 간접적으로 자신의 실수도 인정하고 있다. 한편 생각해 보면 좌석의 위치와 의복을 보고 그가 대제사장이나 고위직 당국자임을 바울이 몰랐겠는가? 바울은 주눅 들지 않고 자신이 율법대로 판단 받겠다는 의지를 그렇게 강력하게 표현했다는 생각도 든다.

효과적인 대응 전략으로 복음을 변호하다

공회의 구성이나 속성에 대해 잘 알고 있던 바울은 효과적으로 전략을 세웠다. 예루살렘공회가 사두개인과 바리새인 중심으로 구성된 점에 주목했다. 자신이 바리새인임을 밝힌 바울은 죽은 자의 부활로 인해 심문을 받는다고 콕 집어 변론했다. 기독교 신앙의 두드러진 특징은 예수 그리스도의 부활뿐만 아니라 성도들 역시 육체의 부활을 하게 될 것을 믿는 것임을 바울이 자신의 변론에 활용했다. 그러자 부활이 없다고 믿는 사두개인들과 바리새인들의 논쟁이 시작되었다. 사두개인들은 부활도 없고 천사도 없고 영도 없다는 현실주의자들이었기 때문이다. 바리새인들은 그 모두가 다 있다는 신학적 견해를 보였다.

바리새인인 서기관 몇 사람이 나서서 바울을 옹호하며 적극적으로 변호해 주었다. "우리가 이 사람을 보니 악한 것이 없도다. 혹 영이나 혹 천사가 그에게 말하였으면 어찌하겠느냐?" 다툼이 심해지자 결국 이번에도 바울은 소동을 피해 안전한 영내로 옮겨져 수감되었다. 그러나 그 밤에 하나님이 그에게 나타나셔서 바울이 로마에서도 복음을 증거하게 될 것이라고 확신을 주셨다(11절). "담대하라. 네가 예루살렘에서 나의 일을 증언한 것 같이 로마에서도 증언하여야 하리라."

"나는 지금까지 크리스천 직업인으로 살면서 양심을 따라 하나님을 섬겨왔습니다!" 우리도 바울처럼 이렇게 고백할 수 있는지 돌아볼 수 있어야 한다. 하나님을 향한 확신과 믿음을 가질 때 하나님이 우리의 인생길도 인도해 주실 줄 굳게 믿는 믿음과 확신이 필요하다.

"바울의 하나님, 복음으로 인해 힘겨운 자리에 서게 되더라도 친히 지켜주셔서 인도하시는 하나님을 향한 신앙을 고백하기 원합니다. 어려운 상황에 지혜롭게 대처할 수 있는 믿음과 용기를 허락해 주소서."

02

>>> 사도행전 24:10-20

하나님과 사람 앞에
거리낌 없는 양심

미국 뉴욕 항구에 세워진 자유의 여신상 건립 100주년 기념식이 있었던 1976년에 기자들이 헬리콥터로 동상 위를 날며 관찰했다. 그런데 놀랍게도 자유의 여신상 머리의 머리털 하나하나가 매우 정교히 조각되어 있었다. 그때 한 기자가 감탄했다.

"머리 꼭대기를 볼 수 있는 것은 갈매기뿐일 텐데 이렇게 정성스럽게 조각했을까요?"

옆에 있던 한 기자가 말했다.

"그것이 바로 예술가의 양심 아니겠습니까?"

보이지 않는 부분까지 최선을 다하는 마음의 자세가 바로 양심이다. 하나님과 사람에 대하여 거리낌이 없는 삶의 태도이다.

하나님 앞과 사람들 앞에서 양심에 거리낌이 없다고 구체적으로 진술하며 바울이 자신의 결백을 호소하고 있다. "총독이 바울에게 머리로 표시하여 말하라 하니 그가 대답하되 당신이 여러 해 전부터 이 민족의 재판장 된 것을 내가 알고 내 사건에 대하여 기꺼이 변명하나이다. 당신이 아실 수 있는 바와 같이 내가 예루살렘에 예배하러 올라간 지 열이틀밖에 안 되었고 그들은 내가 성전에서 누구와 변론하는 것이나 회당 또는 시중에서 무리를 소동하게 하는 것을 보지 못하였으니 이제 나를 고발하는 모든 일에 대하여 그들이 능히 당신 앞에 내세울 것이 없나이다. 그러나 이것을 당신께 고백하리이다. 나는 그들이 이단이라 하는 도를 따라 조상의 하나님을 섬기고 율법과 선지자들의 글에 기록된 것을 다 믿으며 그들이 기다리는 바 하나님께 향한 소망을 나도 가졌으니 곧 의인과 악인의 부활이 있으리라 함이니이다. 이것으로 말미암아 나도 하나님과 사람에 대하여 항상 양심에 거리낌이 없기를 힘쓰나이다. 여러 해 만에 내가 내 민족을 구제할 것과 제물을 가지고 와서 드리는 중에 내가 결례를 행하였고 모임도 없고 소동도 없이 성전에 있는 것을 그들이 보았나이다. 그러나 아시아로부터 온 어떤 유대인들이 있었으니 그들이 만일 나를 반대할 사건이 있으면 마땅히 당신 앞에 와서 고발하였을 것이요. 그렇지 않으면 이 사람들이 내가 공회 앞에 섰을 때에 무슨 옳지 않은 것을 보았는가 말하라 하소서"(행 24:10-20).

모함이 더 많은 더둘로의 고소

가이사랴로 호송된 바울은(행 23:31-35) 또 재판 자리에 피고의 입장으로 섰다. 예루살렘에서 대제사장 아나니아가 장로들과 함께 변호사인 더둘로를 데리고 와서 바울을 고소했다. 미사여구로 총독 벨릭스를 길게 칭찬한 더둘로는(3-4절) 정작 바울을 고소할 때는 '모함'이라고 할 만큼 거짓된 내용으로 일관했다. 바울을 전염병 같은 자라고 하면서 유대인들 가운데 소동을 일으키는 나사렛 이단의 우두머리라고 했다. 또한 성전을 더럽혔다고 거짓으로 고소했다. 그러나 바울은 유대인들 가운데 소요를 일으키거나 성전을 더럽힌 적이 없었다.

하나님과 사람에 대해 양심에 거리낌이 없기를…

터무니없는 고소에 대해 바울은 조목조목 사실을 지적하면서 반박했다. 예루살렘에 올라간 지 열이틀밖에 안 되었고 성전을 더럽힌 것이나 유대인들을 소요하게 한 증거를 고소한 자들이 전혀 가지고 있지 못하다고 지적했다. 그리고 바울은 자신의 신앙에 대해서 다시 한번 이야기했다. 이것은 자신의 무혐의에 대한 변호와 아울러 간접적 복음 전도이기도 했다. 자신은 율법을 믿고 하나님을 향한 소망을 두고 부활을 믿고 있다면서 하나님과 사람을 대하면서 항상 양심에 거리낌 없이 행동하기를 힘쓰고 있다고 말했다.

부활 때문에 심문받는다고 담대히 복음을 전하다

특히 하나님 앞에서나 사람들 앞에서 양심에 거리낌이 없기를 힘쓴다는 말은 의미심장했다. 예루살렘공회에서 "범사에 양심을 따라 하나님을 섬겼"(행 23:1)다고 했던 바울의 말은 대제사장의 심기를 건드려 제대로 그 강조점이 전달되지 못했다는 느낌이 든다. 이번에는 하나님뿐만 아니라 "사람에 대하여 항상 양심에 거리낌이 없기를 힘"쓴다는 말이 더 설득력 있게 사람들에게 전달된 느낌이다. 바울은 여러 해 만에 예루살렘에 왔는데 오히려 동족을 구제하기 위해 구호 물품을 가지고 왔고 소동도 일으키지 않았고 율법을 따라 성전에서 결례도 제대로 시행했다며 더둘로가 고소한 내용을 반박했다.

오직 자신은 죽은 자의 부활을 강조하고 외친 일에 대한 문제로 심문을 받는다고 말했다(21절). 그러자 벨릭스 총독은 '이 도(道)', 즉 기독교에 대해서 자세히 알고 있기에 판결을 연기하고 바울을 구류했다. 바울에게는 자유를 주고 친구들의 도움을 받도록 했다(22-23절). 이렇게 바울은 하나님과 사람을 대하여 양심에 거리낌이 없는 삶을 법정에서 변호하며 입증했다.

우리도 과연 바울처럼 하나님과 사람을 대할 때 양심에 거리낌이 없는 삶을 살고 있는지 돌아보아야 한다. 켕기지 않고 떳떳할 때 세상을 향해 담대하게 복음으로 변증할 기회를 가질 수 있다. 불의한 세상에 대한 바울의 대응과 변증법을 잘 배워야 한다.

 "하나님 아버지, 세상 사람들의 비난에 대해 반박할 수 있는 지혜를 허락해 주소서. 양심적으로 떳떳하여 하나님 앞과 사람들 앞에서 부끄러움이 없는 삶의 진실성으로 복음을 입증할 수 있도록 인도해 주소서."

03

>>> 사도행전 24:24-27

아, 벨릭스여!
복음 가까이에 있었으나…

벨릭스 총독은 기독교 신앙에 관해 꽤 많은 것을 알고 있었다. 재판이 있었던 며칠 후에 벨릭스 총독이 바울을 불러 그리스도 예수를 믿는 도에 대해서 바울의 말을 들었다. 그 자리에 그의 아내인 드루실라도 있었다. 그런데 드루실라가 유대 여성이었다. 바울에게 호의를 베풀고 바울이 전하는 복음에 벨릭스의 마음이 열려 있었던 이유 중 하나를 이 유대 여인 드루실라에게서 발견할 수 있다. 드루실라가 신앙을 가지지 못했거나 복음에 관심이 없었으면 이런 자리에 일부러 참석하지 않았을 듯하다. 재판 자리에는 가지 않았겠지만 남편 벨릭스 총독과 함께 사저 혹은 집무실에서 말씀을 들었다.

바울이 벨릭스 총독과 그 아내 드루실라에게 전한 '그리스도 예수 믿는 도'는 일종의 '복음 개인과외'였다. "수일 후에 벨릭스가 그 아내 유대 여자 드루실라와 함께 와서 바울을 불러 그리스도 예수 믿는 도를 듣거늘 바울이 의와 절제와 장차 오는 심판을 강론하니 벨릭스가 두려워하여 대답하되 지금은 가라. 내가 틈이 있으면 너를 부르리라 하고 동시에 또 바울에게서 돈을 받을까 바라는 고로 더 자주 불러 같이 이야기하더라. 이태가 지난 후 보르기오 베스도가 벨릭스의 소임을 이어받으니 벨릭스가 유대인의 마음을 얻고자 하여 바울을 구류하여 두니라"(행 24:24-27).

바울의 핵심 심화 복음을 들었으나…

바울이 벨릭스 총독 부부에게 설교한 주제는 '의와 절제와 장차 오는 심판'이었다. 바울이 이 주제로 복음을 풀이해서 해석하고 설득했다. 이 주제어들로 설교의 내용을 유추해 보면 '심화 복음'을 확인할 수 있다. 첫째는 '의'라고 한다. 이것은 관계를 말한다. 하나님 나라에 속한 사람이 하나님과 가지는 개인적인 구원의 관계를 바로 세워야 한다. 인류를 위해 희생당하신 예수 그리스도의 의로운 속죄 사역에 순종하는 반응, 즉 하나님과 관계가 바로 서면 사람과 세상에 대해서도 바른 관계가 정립된다. 바로 하나님 사랑과 내 몸과 같이하는 이웃 사랑이다. '의'라는 단어 속에 하나님 나라와 복음의 핵심이 들어 있다.

그리고 바울은 '절제'를 강론했다. 악한 세상에서 참고 견디어 내는 성도의 미덕이다. 성령의 아홉 가지 열매 중에도 마지막에 나오는 미덕이 바로 이 절제이다. 아홉 가지 성령의 열매 중 뒤로 갈수록 높은 단계라고 말할 수는 없다. 하지만 맨 뒤에 있는 것은 결론적인 강조의 의미를 담고 있다. 예수님의 산상수훈 팔복 말씀에서도 마지막에 박해받는 상황에서 견디어 내라고, 그 박해를 견디며 기뻐하고 즐거워하라고 권면하신다(마 5:10-12).

바울의 설교 중 마지막 주제는 '장차 오는 심판'이었다. 이제 두 번째 예수님의 강림을 통해서 이루어질 완전하고 최종적인 하나님 나라를 언급했다. 신약성경 마지막 책인 요한계시록에 나오는 이야기이다. 아무에게나 전할 수 있는 내용은 아니었다. 이런 메시지의 내용으로 볼 때 벨릭스 부부는 '초신자'가 아니었다. 그들의 신앙 수준에 적합한 복음의 메시지를 바울이 전했다.

두려웠으나 결단할 기회를 놓친 벨릭스여!

그런데 이 바울의 강론에 대한 벨릭스의 반응을 보라. 우선 벨릭스 총독은 두려워했다(25절). 의와 절제와 심판의 메시지, 하나님 나라를 기초부터 심화까지 연결해서 설명해 주는 바울의 설교에 벨릭스의 마음이 움직였다. 장차 임할 심판에 대한 공포가 밀려왔다. 죄인인 자신의 부끄러운 모습이 안타까웠다. 자신의 죄악된 모습도 두려웠을 듯하다. 복음 앞에 노출된 죄인의 일반적이고 당연한 반응이다. 그런데 벨릭스가 사도 바울에게 이렇게 말한다. "지금은 가라. 내가 틈이 있으면 너를 부르리라"(25절 하).

"지금은 가라."

아, 벨릭스여! 벨릭스 총독의 패착이 바로 여기에 있었다. "지금은 가라"고 하며 '지금'이라는 기회를 놓치면 더 이상 편하고 좋은 때는 오지 않는다. "내가 틈이 있으면 너를 부르리라." 말은 좋은데, 또 그다음에 부르긴 불렀는데, 그래봐야 소용없었다. 벨릭스의 비극이다. "지금은 가라." 그렇게 벨릭스가 '지금'을 날려버리고 말았다. 이 안타까움을 어떻게 하면 좋은가? 아, 벨릭스여!

벨릭스는 기독교 복음에 대해서 자세히 아는 것이 있었다(22절). 바울에게도 개인과외를 받듯이 심화 복음을 들었다. 그러나 두려움을 느끼면서도 믿음을 결단할 기회를 미루었다. 다음번 기회가 오지 않음을 명심하고 벨릭스의 실패를 답습하지 말아야 복된 인생을 살 수 있다.

 "하나님 아버지, 틈이 좀 나면 결정해서 믿겠다는 유혹, 지금은 아니라는 착각에 빠지지 않고 예수님을 믿게 된 것을 감사합니다. 벨릭스의 실패를 계속하고 있는 우리 일터의 동료들을 긍휼히 여기셔서 예수님을 믿는 믿음을 허락해 주소서."

>>> 사도행전 24:24-27

아, 벨릭스여!
돈과 성공을 좇다가…

　신약성경에는 예수님과 바울 당시 고위 관리나 지도자들의 '복음 낙마'에 대한 기록이 있다. 예수님의 십자가 형벌을 결정했던 빌라도 총독은 "진리가 무엇이냐?"라고 질문하며 관심을 보였다. 아내의 말을 듣고 예수님 처형 결정을 주저하기도 했다. 그런데 자신의 지위와 입지 때문에 고민하며 미적거리다가 예수님의 처형을 결정하고 말았다. 아, 빌라도여!

　벨릭스의 후임 총독 베스도와 함께 바울의 로마행을 결정한 아그립바 왕도 있었다(행 26장). 그는 사도 바울의 말을 듣고 놀란 듯 소리쳤다. "네가 적은 말로 나를 권하여 그리스도인이 되게 하려 하는도다"(행 26:28). 사실이었다! 바울이 그런 의도가 있다고 말해주었다. 그런데 복음을 받아들일 좋은 기회를 결국 아그립바는 놓치고 말았다. 아, 아그립바여!

　그러면 벨릭스 총독이 복음의 길에서 멀어지고 만 원인은 무엇이었을까?

　벨릭스 총독이 복음에 근접했지만 결국 믿음을 가질 기회를 놓친 이유는 분명히 있었다. "수일 후에 벨릭스가 그 아내 유대 여자 드루실라와 함께 와서 바울을 불러 그리스도 예수 믿는 도를 듣거늘 바울이 의와 절제와 장차 오는 심판을 강론하니 벨릭스가 두려워하여 대답하되 지금은 가라 내가 틈이 있으면 너를 부르리라 하고 동시에 또 바울에게서 돈을 받을까 바라는 고로 더 자주 불러 같이 이야기 하더라. 이태가 지난 후 보르기오 베스도가 벨릭스의 소임을 이어받으니 벨릭스가 유대인의 마음을 얻고자 하여 바울을 구류하여 두니라"(행 24:24-27).

어떻게든 성공하고 싶었으나…

주후 52년에 글라우디오 황제가 유대 총독으로 임명해서 60년까지 재임한 벨릭스는 노예 출신이었다. 황제 가까이에 다가가기 쉽지 않은 신분이었지만 황제가 신임한 그의 형 팔라스의 덕을 크게 보았다. 역사가 요세푸스가 벨릭스에 대해 남긴 기록이 있다. 벨릭스는 자기 비위를 거스르는 사람을 제거하기 위해 암살자까지 동원했다. 총독의 지위를 이용해 뇌물과 여자를 탐했다. 벨릭스의 부정부패에 대한 기록이 여러 곳에 남아있다. 바울에게도 뇌물을 바라고 오래도록 구류했다.

벨릭스는 세 명의 왕실 출신 아내들을 차례로 두었다. 드루실라는 대 헤롯의 손자 헤롯 아그립바 1세의 막내딸이었다. 드루실라는 본래 시리아의 작은 왕국의 왕과 결혼했으나 벨릭스가 드루실라에게 반해 남편과 이혼하고 벨릭스의 세 번째 부인이 되었다. 바울이 이 부부에게 '의와 절제와 심판'에 대해 강론했는데 그 설교 주제는 이 사람들에게 매우 적절해 보였다.

끝내 복음에 다가서지 못하고 비참하게 죽다

벨릭스는 결국 유대인들의 폭동을 무력으로 진압하고 탐욕과 폭정을 일삼다가 유대 지도자들이 황제에게 진정하여 로마로 소환당했다. 임기를 끝내고 떠나는 마지막 순간까지 유대인들의 환심을 사기 위해 사도 바울을 석방하지 않고 두었다는 상황을 어느 정도 이해할 수 있다. 2년이나 미적대던 바울 관련 문제를 제대로 마무리하지 못하고 급하게 떠날 수밖에 없었을 듯하다. 그런데 벨릭스의 형 팔라스가 여전히 글라우디오 황제 이후의 네로 황제 때도 영향력을 가지고 있어서 극형은 면했다. 벨릭스는 베수비오로 추방되었다가 화산의 폭발로 흘러내린 용암 아래에 아들과 함께 매몰되어 최후를 마치고 말았다.

돈과 성공에 매몰된 인생의 안타까움

벨릭스 총독이 복음의 관문 앞에서 낙마한 패착의 원인을 우리는 수긍할 수 있다. 복음에 전적으로 마음을 열지 못한 벨릭스는 돈을 바랐고 또한 지위에 관심이 많았다. 2년 동안이나 바울을 구류해 두고 후임자가 올 때까지 미적거렸다. 그 이유는 유대인의 마음을 얻고자 함이었다고 누가는 기록했다. 기독교의 복음을 전하는 일을 유대인들이 싫어하니 바울을 풀어주려고 하지 않았다. 결국 자신의 입지를 위해서 벨릭스는 복음에 마음을 열지 못했다. 돈과 성공을 추구했기 때문이다. 함께 일하는 동료들이 진정 마음속으로 바라고 일생을 추구하는 것이 무엇인지 잘 판단해 보라. 오늘 우리 시대에도 사람들이 복음에 마음을 열지 못하는 설득력 있는 이유를 사도행전 기자 누가는 벨릭스를 통해 잘 알려주고 있다.

돈과 성공을 추구하느라 마음을 빼앗기고 인생을 실패한 사람 벨릭스는 하나님의 말씀을 두려워하기는 했으나 결국 하나님을 믿지 못했다. 이 세상으로 끝나는 것이 아니고 장차 올 세상이 있음을 기억하고 하나님의 뜻을 따라 살아가기 위해 노력해야 한다.

 "구원하시는 하나님, 세상에서 가장 가치 있는 것은 돈이나 성공이 아니라 바로 믿음임을 깨닫게 해주소서. 이 믿음의 중요성을 함께 일하는 동료들에게도 효과적으로 전할 수 있도록 인도해 주소서."

05

꿈을 가진 자에게
다가오는 새로운 소명

한 가난한 소년이 편지 봉투에 '하나님께' 라고 적어 진학의 길을 열어달라고 하나님께 기도하는 내용의 편지를 우체통에 넣었다. 우편물을 분류하던 우체국 직원은 고민 끝에 한 교회로 그 편지를 보냈다. 그 교회의 목사님이 주선하여 그 소년은 계속 공부할 수 있었다. 소년은 대학에 진학하고 해외 유학까지 갔다. 그리고 돌아와 한신대학교의 조직신학 교수가 되었다.

꿈을 가지고 기도하는 사람에게 새로운 기회가 다가온다. 하나님이 새로운 소명의 길로 인도해 주신다.

하나님이 바울의 선교 과정에서도 로마에서도 복음을 전할 꿈을 가진 바울에게 새로운 소명을 주셨다. "베스도가 그들 가운데서 팔일 혹은 십 일을 지낸 후 가이사랴로 내려가서 이튿날 재판 자리에 앉고 바울을 데려오라 명하니 그가 나오매 예루살렘에서 내려온 유대인들이 둘러서서 여러 가지 중대한 사건으로 고발하되 능히 증거를 대지 못한지라. 바울이 변명하여 이르되 유대인의 율법이나 성전이나 가이사에게나 내가 도무지 죄를 범하지 아니하였노라 하니 베스도가 유대인의 마음을 얻고자 하여 바울더러 묻되 네가 예루살렘에 올라가서 이 사건에 대하여 내 앞에서 심문을 받으려느냐. 바울이 이르되 내가 가이사의 재판 자리 앞에 섰으니 마땅히 거기서 심문을 받을 것이라. 당신도 잘 아시는 바와 같이 내가 유대인들에게 불의를 행한 일이 없나이다. 만일 내가 불의를 행하여 무슨 죽을 죄를 지었으면 죽기를 사양하지 아니할 것이나 만일 이 사람들이 나를 고발하는 것이 다 사실이 아니면 아무도 나를 그들에게 내줄 수 없나이다. 내가 가이사께 상소하노라 한대 베스도가 배석자들과 상의하고 이르되 네가 가이사에게 상소하였으니 가이사에게 갈 것이라 하니라"(행 25:6-12).

유대인의 계략을 간파한 베스도 총독

벨릭스 총독이 해임되고 후임으로 온 베스도 총독은 곧 예루살렘을 방문하여 바울에 대한 고소 건에 대해 접했다. 유대인들은 바울을 가이사랴에서 예루살렘으로 데리고 와야 한다고 주장했지만 베스도 총독이 거부했다. 베스도는 이전 총독 시절에 있었던 바울 암살 모의에 대해서 들어 알고 있었을 듯하다. 이번에도 유대인들이 호송길에 바울을 죽이려고 했다. 베스도 총독은 재판을 맡은 사람으로서 고소된 사람을 보호할 책임을 이행했다. 유대인들의 계략을 간파한 그는 바른 판단을 했다(1-5절).

꿈을 가진 자, 새로운 기회를 모색하다

가이사랴로 돌아온 베스도 총독은 바울에 대한 재판을 다시 시작했다. 전임 벨릭스 총독보다는 선량했으나 베스도 총독 역시 유대인들의 환심을 사려는 마음을 가지고 재판을 진행했다(9절). 유대인들은 바울을 여러 가지 사건으로 고소했지만 증거를 제대로 제시하지도 못했다. 이런 상황에서 바울은 반복하여 자신의 무죄에 대해 주장하면서 마침내 가이사에게 상소했다(11-12절). 이 일로 인해서 재판은 새로운 국면을 맞았다. 바울은 재판을 계속 질질 끌거나 혹시 무죄로 석방되기를 바라지도 않았다. 석방된다고 하더라도 유대인들의 암살 음모를 피하기 힘들 것으로 판단했다. 이제 바울이 로마로 가는 길이 열리게 되었다.

로마에서도 증언하여야 하리라!

무엇보다도 바울은 로마에서도 복음을 전하게 하겠다는 주님의 말씀으로 인해서(행 23:11) 로마로 가기 위해 가이사에게 상소했다. "담대하라. 네가 예루살렘에서 나의 일을 증언한 것 같이 로마에서도 증언하여야 하리라." 주님이 바울 곁에 서서 해주셨던 이 말씀이 바울 인생의 새로운 전기를 마련하게 하였다. 꿈은 인생의 새로운 반전을 모색하는 계기를 마련해 준다. 우리가 꿈을 잃지 말아야 할 이유이다. 로마에서도 복음을 전하게 하겠다는 하나님의 말씀을 확신하는 꿈이 이제 바울을 새로운 소명으로 인도할 것이다.

힘든 직장생활 가운데서도 하나님이 우리를 통해 이루실 하나님의 나라라는 큰 그림을 잃지 않도록 노력해야 한다. 쉽지 않은 환경 속에서도 하나님의 말씀에 집중하며 새로운 소명의 길을 걷도록 힘써야 한다.

"하나님 아버지, 힘들고 고통스러운 환경일지라도 제가 일하는 일터에서 주님이 주신 말씀을 이룰 수 있게 하소서. 주님이 주신 꿈을 가진 자가 쓰러질 수 없습니다. 사도 바울을 인도하신 것처럼 저에게도 힘을 주시고 주님이 이끌어 주소서."

06 >>> 사도행전 26:1-4, 9-12

당신의 이야기를 들려주라

선지자 다니엘을 직장인의 관점으로 볼 수 있다. 다니엘서의 앞 부분은 직장인 다니엘의 모습을 잘 보여준다. 일하면서 자기 일과 인 간관계에서 모범을 보여준 다니엘이(단 1-5장) 직장인으로 할 수 있 는 일터 전도, 특히 관계를 통한 전도를 했음을 확인할 수 있다(단 6 장). 사도행전에서도 마무리하는 뒷부분에서 바울이 일터의 관계전 도를 보여주고 있다. 오늘 우리 시대의 교회는 양적 성장을 멈춘 정 도가 아니라 이미 교인 수가 감소하고 다음 세대 세우기를 크게 고민 하는 때이다. 이런 시기에 우리는 인격적 관계를 통한 전도의 방법을 배워서 실천해야 효과적으로 전도할 수 있다. 전도자의 삶이 중요함 을 가르친 성 프란치스코의 말을 다시 한번 기억해 본다.

"복음을 전하세요. 언제나! 필요하면 말을 사용하세요."

바울은 법정에서 심문을 받으면서도 기회를 놓치지 않고 전도하 려고 했다. "아그립바가 바울에게 이르되 너를 위하여 말하기를 네 게 허락하노라 하니 이에 바울이 손을 들어 변명하되 아그립바 왕이 여 유대인이 고발하는 모든 일을 오늘 당신 앞에서 변명하게 된 것을 다행히 여기나이다. 특히 당신이 유대인의 모든 풍속과 문제를 아심이니이다. 그러므로 내 말을 너그러이 들으시기를 바라나이다. 내가 처음부터 내 민족과 더불어 예루살렘에서 젊었을 때 생활한 상황을 유대인이 다 아는 바라. …나도 나사렛 예수의 이름을 대적하여 많은 일을 행하여야 될 줄 스스로 생각하고 예루살렘에서 이런 일을 행하여 대제사장들에게서 권한을 받아 가지고 많은 성도를 옥에 가두며 또 죽일 때에 내가 찬성 투표를 하였고 또 모든 회당에서 여러 번 형벌하여 강제로 모독하는 말을 하게 하고 그들에 대하여 심히 격분하여 외국 성에까지 가서 박해하였고 그 일로 대제사장들의 권한과 위임을 받고 다메섹으로 갔나이다"(행 26:1-4, 9-12).

일터 전도법 #1. 예의를 갖추고 접근하라

헤롯 아그립바 2세가 신임 총독 베스도를 만나기 위해 가이사랴에 왔을 때 베스도는 바울에 관한 일에 대해 알렸다(행 25:23-27). 그래서 바울은 아그립바 왕 앞에서 한 번 더 변론할 기회를 얻었는데 이때 바울이 한 변론을 일터에서 하는 관계전도의 관점으로 볼 수 있다. 변론을 시작하면서 바울은 아그립바 왕에게 적절하게 인사하며 예의를 갖추고 있다. "아그립바 왕이여 유대인이 고발하는 모든 일을 오늘 당신 앞에서 변명하게 된 것을 다행히 여기나이다." 왕이 유대인의 풍속과 문제들에 대해 잘 알기에 그 앞에서 변론할 수 있게 된 것을 감사한다면서 적절한 찬사도 하고 있다.

일터 전도법 #2. 당신의 이야기를 하라

경의를 표한 후 바울은 자신의 이야기를 먼저 꺼내고 있다. 특히

'내가', '나를'이라는 표현을 반복하면서 자신의 이야기를 하고 있다. 바울은 일찍부터 정통 유대인이고 유대인들에게 송사를 당한 것도 결국 하나님의 언약 때문이라고 강조하고 있다(6-7절). "이제도 여기 서서 심문 받는 것은 하나님이 우리 조상에게 약속하신 것을 바라는 까닭이니 이 약속은 우리 열두 지파가 밤낮으로 간절히 하나님을 받들어 섬김으로 얻기를 바라는 바인데 아그립바 왕이여 이 소망으로 말미암아 내가 유대인들에게 고소를 당하는 것이니이다."

이렇게 자신의 이야기로 변론을 시작한 바울의 대화법을 우리가 전도에서 활용할 수 있다. 일터에서 동료에게 대단한 사람의 성공담이나 심오한 철학적인 이야기를 하기보다는 자신의 소박한 이야기로 말문을 열고 또한 상대방의 이야기도 들어보는 일이 중요하다. "지금까지 어떻게 살아왔는가, 요즘은 어떤 생각을 하고 사는가, 왜 오늘 이곳에서 일하게 되었는가?" 같은 소박한 일상의 이야기이다. 평소에 일터의 동료들과 친해져야 이런 이야기를 나눌 수 있다. 또 이야기를 나누면서 친해지기도 한다.

일터 동료에게 이야기를 나눌 때 자신의 부끄러운 과거에 대해서 숨길 필요도 없다. 오히려 전도를 위해 좋은 이야깃거리이다. 바울은 전에 교회를 핍박했던 일을 이야기했다. 스데반과 성도들을 죽인 일에도 자신이 증인이 되었다고 말했다(10절). 그 이야기를 하는 중에 이스라엘 밖으로도 나가서 박해하려 할 때 있었던 한 이야기를 이제 하게 될 것이다. 물론 관계전도는 자신의 이야기만 하면 끝이 아니라 자신의 이야기도 한 방향을 지향해야 한다.

예수님을 믿기 전 우리의 모습이 어땠는지 이야기하기를 두려워하지 말아야 한다. 전도할 대상자를 잘 찾아 이야기 나누며 친해지기 위해 노력해 보자. 전도를 목표에 두지만 의도적이지 않고 자연스럽게 좋은 관계를 만들어 갈 수 있다면 전도의 기회가 놀라운 열매를 맺을 것이다.

 "하나님 아버지, 일터에서 사람들을 만나 전도할 수 있는 용기를 주시고 기회를 만들 수 있는 지혜를 허락해 주소서. 그래서 놀라운 복음의 결실이 우리의 일터에서도 맺힐 수 있도록 주님이 함께하여 주소서."

07

>>> 사도행전 26:13-23

예수님을 만난 이야기를
들려주라

지미 카터 전 미국 대통령이 고백했다. 그는 교회의 전도 프로그램에 14년 동안 참여하여 매년 열 가정씩, 140가정을 방문하여 전도한 것을 자랑으로 여겼다. 그런데 그가 1966년 주지사에 입후보하고 3개월 동안 선거운동을 할 때 악수를 한 사람만 30만 명이 넘었다고 한다. 자신을 위해서는 3개월간 30만 명을 만나고 하나님을 위해서는 14년 동안 겨우 140가정에 복음 전한 것을 자랑한 것이 부끄러웠다고 한다. 우리는 과연 일터에서 한 해에 몇 사람에게 복음을 전하고 있는가?

사도 바울은 자신의 변론을 하면서 아그립바 왕에게 복음의 핵심적인 내용을 빠뜨리지 않고 다 말했다. "왕이여 정오가 되어 길에서 보니 하늘로부터 해보다 더 밝은 빛이 나와 내 동행들을 둘러 비추는지라. 우리가 다 땅에 엎드러지매 내가 소리를 들으니 히브리 말로 이르되 사울아 사울아 네가 어찌하여 나를 박해하느냐. 가시채를 뒷발질하기가 네게 고생이니라. 내가 대답하되 주님 누구시니이까. 주께서 이르시되 나는 네가 박해하는 예수라. 일어나 너의 발로 서

라. 내가 네게 나타난 것은 곧 네가 나를 본 일과 장차 내가 네게 나타날 일에 너로 종과 증인을 삼으려 함이니 이스라엘과 이방인들에게서 내가 너를 구원하여 그들에게 보내어 그 눈을 뜨게 하여 어둠에서 빛으로, 사탄의 권세에서 하나님께로 돌아오게 하고 죄 사함과 나를 믿어 거룩하게 된 무리 가운데서 기업을 얻게 하리라 하더이다. 아그립바 왕이여 그러므로 하늘에서 보이신 것을 내가 거스르지 아니하고 먼저 다메섹과 예루살렘에 있는 사람과 유대 온 땅과 이방인에게까지 회개하고 하나님께로 돌아와서 회개에 합당한 일을 하라 전하므로 유대인들이 성전에서 나를 잡아 죽이고자 하였으나 하나님의 도우심을 받아 내가 오늘까지 서서 높고 낮은 사람 앞에서 증언하는 것은 선지자들과 모세가 반드시 되리라고 말한 것밖에 없으니 곧 그리스도가 고난을 받으실 것과 죽은 자 가운데서 먼저 다시 살아나사 이스라엘과 이방인들에게 빛을 전하시리라 함이니이다 하니라"(행 26:13-23).

일터 전도법 #3. 당신의 부끄러운 과거를 털어놓으라

"왕이여 정오가 되어 길에서 보니 하늘로부터 해보다 더 밝은 빛이 나와 내 동행들을 둘러 비추는지라"(13절). 바울은 아그립바 왕에게 자신이 다메섹으로 가다가 예수님을 만난 이야기를 극적 효과를 살려 시각언어처럼 말하고 있다. 전에 유대인들에게도 이야기한 것이지만(행 22:4-10) 다시금 반복하는 것은 이 사실이 자신의 인생에서 너무도 중요한 체험이었기 때문이다. 우리도 예수님을 만난 이야기를 우리의 전도 대상자들에게 할 수 있다. 사도행전에 기록된 바울의 다메섹 체험이 세 번이나 되듯이 전혀 꾸밈없이 우리가 주님을 만났던 체험을 자주 말해도 좋다.

일터 전도법 #4. 예수를 만난 이야기를 하며 복음으로 마무리하라

예수님을 만난 이야기 속에 자연스럽게 복음이 담겨있다. 바울은 자신의 인생을 다 바쳐 증언한 일이 바로 자신의 회심 사건이라고 말한다. "곧 그리스도가 고난을 받으실 것과 죽은 자 가운데서 먼저 다시 살아나사 이스라엘과 이방인들에게 빛을 전하시리라 함이니이다 하니라"(23절). 바울은 아그립바 왕을 향해 분명하게 자신이 증거하는 것은 그리스도의 죽음과 부활이라고 밝히고 있다.

우리도 전도할 때 이렇게 분명하게 복음의 핵심 내용을 전해야 한다. 하나님이 세상을 창조하신 분이고 우리 인간은 그분의 피조물이다. 죄를 지어 스스로 구원받을 수 없는 인간은 성육신하신 예수님의 십자가 대속 사건을 믿어야 한다. 예수님이 나를 위해 죽임당하시고 부활하셨음을 믿는 믿음으로 구원받을 수 있다. 믿음으로 구원받은 사람에게 주어진 것은 영생이다. 이런 복음의 내용이 성경의 한 구절에도 담겨 있다. 대표적인 구절은 이것이다. "하나님이 세상을 이처럼 사랑하사 독생자를 주셨으니 이는 그를 믿는 자마다 멸망하지 않고 영생을 얻게 하려 하심이라"(요 3:16). 또한 로마서 6장 23절도 짧지만 복음의 핵심을 담고 있다. "죄의 삯은 사망이요. 하나님의 은사는 그리스도 예수 우리 주 안에 있는 영생이니라." 이런 복음을 전해야 한다. 복음을 듣고 그 사람이 믿음을 가지는 여부는 하나님께 달려 있지만 복음을 전하는 일은 우리가 꼭 할 수 있어야 한다.

바울이 아그립바 왕을 전도했던 관계전도법의 핵심은 바로 이야기였다. 친근하게 접근하여 자신의 이야기를 시작하여 결국 예수님을 만난 이야기를 통해 복음을 전했다. 이 방법을 잘 숙지하여 이야기를 통해 일터에서 관계전도를 시도해 보자.

 "사람들을 사랑하시는 하나님, 바울이 예수님을 만나 구원받은 자신의 이야기를 통해 복음을 전했습니다. 저도 일터의 동료들에게 제가 만난 예수님에 대해 이야기하며 복음을 전할 수 있도록 인도하여 주소서."

08

>>> 사도행전 26:24-32

모두 나와 같이
예수님을 믿게 되기를…

어린 시절에 어디선가 들은 이야기이다. 성도가 죽어서 천국에 들어가려고 하면 예외 없이 모든 사람이 두 가지 질문을 받는다고 한다. 첫 번째 질문은 "당신은 혼자 오셨습니까?"이다. 이 질문에 대해서 그렇다고 대답한다면 두 번째 질문은 더욱 심각하다.

"어떻게 당신은 혼자 올 수 있었단 말입니까?"

나중에 이런 추궁을 당하기 전에 전도를 잘해서 천국에서 당혹스러운 일을 겪지 않도록 미리 대비를 잘해야 하겠다고 다짐했던 기억이 난다.

바울은 복음을 증거하는 자신의 말을 듣는 모든 사람이 자신과 같이 믿음을 가지기를 간절히 바랐다. "바울이 이같이 변명하매 베스도가 크게 소리 내어 이르되 바울아 네가 미쳤도다. 네 많은 학문이 너를 미치게 한다 하니 바울이 이르되 베스도 각하여 내가 미친 것이 아니요 참되고 온전한 말을 하나이다. 왕께서는 이 일을 아시기로 내가 왕께 담대히 말하노니 이 일에 하나라도 아시지 못함이 없는 줄 믿나이다. 이 일은 한쪽 구석에서 행한 것이 아니니이다. 아그립

바 왕이여 선지자를 믿으시나이까 믿으시는 줄 아나이다. 아그립바
가 바울에게 이르되 네가 적은 말로 나를 권하여 그리스도인이 되게
하려 하는도다. 바울이 이르되 말이 적으나 많으나 당신뿐만 아니라
오늘 내 말을 듣는 모든 사람도 다 이렇게 결박된 것 외에는 나와 같
이 되기를 하나님께 원하나이다 하니라. 왕과 총독과 버니게와 그 함
께 앉은 사람들이 다 일어나서 물러가 서로 말하되 이 사람은 사형이
나 결박을 당할 만한 행위가 없다 하더라. 이에 아그립바가 베스도에
게 이르되 이 사람이 만일 가이사에게 상소하지 아니하였더라면 석
방될 수 있을 뻔하였다 하니라"(행 26:24-32).

방해가 있어도 전도 대상자에게 집중하며 포기하지 말라

바울이 피고인 진술을 하면서 결국 예수님을 믿으라고 복음을 전
하며 아그립바 왕에게 신앙을 권하는 것을 사람들이 다 알아챘다. 베
스도 총독이 바울의 말을 가로채며 크게 꾸짖었다. "바울아 네가 미
쳤도다. 네 많은 학문이 너를 미치게 한다." 그러나 바울은 상황을 수
습하며 미친 것이 아니고 제정신으로 참되고 온전한 것을 말하고 있
다고 반박했다. 그리고 곧 전도 대상자인 아그립바 왕에게 계속 자신
이 할 말을 했다. 법정에서 변론하면서도 전도를 하는 바울은 주변
사람이 방해해도 본래 전도하려는 목적을 잃지 않았다. 우리도 전도
하려고 할 때 방해를 받거나 문젯거리를 맞닥뜨리는 경우가 많다. 이
때에도 절대 포기하지 않아야 전도의 열매를 맺을 수 있다.

결박한 것 외에는 나와 같이 되기를 바라나이다

바울은 자신이 아그립바 왕에게 말한 내용이 잘 알려진 이야기이

고 그 일을 왕도 잘 알고 있을 것이라고 말한다. 어떤 비밀스러운 내용도 없는 객관적인 사실에 근거하고 있음을 강조했다. 그리고 선지자를 믿는 줄 알고 있다면서 이방인인 베스도 총독과는 다른 아그립바 왕의 신앙적 배경을 언급하며 믿음을 촉구한다. 아그립바 왕이 베스도 총독의 코치로 사태를 깨닫고 "적은 말로 나를 권하여 그리스도인이 되게 하려" 한다고 바울에게 말하며 경계했다. 그러자 바울은 자신의 본래 의도를 분명히 드러내었다.

"당신뿐 아니라 오늘 내 말을 듣는 모든 사람도 다 이렇게 결박된 것 외에는 나와 같이 되기를 하나님께 원하나이다."

얼마나 확신에 찬 전도인의 모습인가?

"결박되어 재판을 받고 있긴 하지만 당신들 모두는 하나님을 모르니 불쌍하오!"라는 배짱도 엿보인다. 또한 하나님을 몰라 불행한 그들이 모두 구원받게 하겠다는 영혼을 사랑하는 열정과 강한 책임감이 엿보인다.

이렇게 변론을 하면서 전도에 힘썼는데도 바울은 무죄 판결을 받았다(31절). 만약 가이사에게 상소하지만 않았으면 가이사랴에서 석방될 뻔했다. 그러나 여기에 하나님의 놀라운 섭리가 있었다. 만약 그곳에서 바울이 풀려났더라도 유대인들로부터 공격당하고, 로마까지 가는 여정도 쉽지 않았을 것이다. 바울이 미결수로서 안전하게 로마까지 호송되어 가게 하시려는 하나님의 섭리가 있었다. 그 모든 재판 과정에서 바울은 일터의 관계전도에 대해서도 모범적인 실천 방법을 잘 보여주고 있다.

사람들이 방해하고 여건이 조성되어 있지 않더라도 담대하게 복음을 전할 수 있는 용기가 필요하다. 전도할 동료에게 "나와 같이 되기를 원한다"라고 말할 수 있도록 순간순간 성실하고 진지하게 그리스도인의 바람직한 삶을 살아가기 위해서도 노력해야 한다.

 "하나님 아버지, 담대히 전도할 수 있게 하시고 떳떳이 전도할 수 있게 도와주소서. 방해를 받더라도 이겨낼 수 있는 지혜와 용기를 주소서. 나와 같이 예수님을 믿게 되기를 바란다고 말할 수 있을 만큼 인정받을 수 있게 주님이 인도해 주소서."

09

위기 속에서 드러나는 리더십

미국 공군사관학교에서 임관할 장교들에게 강조하는 리더의 신조가 열 가지 있다. 몇 가지만 살펴본다.

- 상관은 '내가' 라고 말하나 리더는 '우리가' 라고 말한다.
- 상관은 방법을 자기만 알고만 있으나 리더는 방법을 가르쳐준다.
- 상관은 잘못을 꾸짖기만 하나 리더는 잘못을 고쳐준다.
- 상관은 부하를 부리려고만 하나 리더는 솔선수범한다.
- 상관은 상사에 대한 무조건적 복종을 요구하나 리더는
  존경심을 불러일으킨다.

유라굴로 광풍 속에서 사람들을 살려낸 사도 바울도 멋진 리더십을 보여주고 있다. "여러 사람이 오래 먹지 못하였으매 바울이 가운데 서서 말하되 여러분이여 내 말을 듣고 그레데에서 떠나지 아니하여 이 타격과 손상을 면하였더라면 좋을 뻔하였느니라. 내가 너희를 권하노니 이제는 안심하라. 너희 중 아무도 생명에는 아무런 손상이 없겠고 오직 배뿐이리라. 내가 속한 바 곧 내가 섬기는 하나님의 사

자가 어제 밤에 내 곁에 서서 말하되 바울아 두려워하지 말라. 네가 가이사 앞에 서야 하겠고 또 하나님께서 너와 함께 항해하는 자를 다 네게 주셨다 하였으니 그러므로 여러분이여 안심하라. 나는 내게 말씀하신 그대로 되리라고 하나님을 믿노라. 그런즉 우리가 반드시 한 섬에 걸리리라 하더라. …사공들이 도망하고자 하여 이물에서 닻을 내리는 체하고 거룻배를 바다에 내려 놓거늘 바울이 백부장과 군인들에게 이르되 이 사람들이 배에 있지 아니하면 너희가 구원을 얻지 못하리라 하니 이에 군인들이 거룻줄을 끊어 떼어 버리니라. 날이 새어 가매 바울이 여러 사람에게 음식 먹기를 권하여 이르되 너희가 기다리고 기다리며 먹지 못하고 주린 지가 오늘까지 열나흘인즉 음식 먹기를 권하노니 이것이 너희의 구원을 위하는 것이요. 너희 중 머리카락 하나도 잃을 자가 없으리라 하고 떡을 가져다가 모든 사람 앞에서 하나님께 축사하고 떼어 먹기를 시작하매 그들도 다 안심하고 받아먹으니 배에 있는 우리의 수는 전부 이백칠십육 명이더라"(행 27:21-26, 30-37).

위기는 숨어있던 리더에게는 기회

바울은 가이사에게 재판을 받기 위해 로마로 압송되었다. 뱃길로 가게 되었다. 시돈에서 출발하는 배를 타고 소아시아 루기아 지방 무라에 가서 이탈리아로 가는 알렉산드리아 호로 환승했다. 바람의 도움을 받지 못해 어려운 항해를 하다가 그레데 섬의 미항에 도착했다. 그때 바울은 항해를 계속하면 배의 짐뿐 아니라 사람들의 생명도 위험할 것이라며 출항을 말렸다. 그러나 백부장은 바울의 말보다 선장과 선주의 말을 더 신뢰했다. 얼마 떨어지지 않은 뵈닉스 항에 가서 겨울을 지내려고 출항했다가 유라굴로 광풍을 만났다. 큰 폭풍으로 배를 제어할 수 없었다. 사흘 동안 방황하다가 화물과 배의 기구마저 버릴 수밖에 없었다.

이런 위기의 순간에 참된 리더는 멋진 리더십을 발휘한다. 선장이나 호송 책임자인 백부장이 아닌 바울이 나서서 사람들을 안심시켰다. 바울이 리더십을 발휘할 수 있었던 것은 하나님의 계시가 있었기 때문이다. 하나님은 바울에게 그가 가이사 앞에 분명히 설 것이며 배에 있는 모든 사람의 안전에 대해 확실히 말씀하셨다. "너와 함께 항해하는 자를 다 네게 주셨다."

말씀을 확신하고 할 일을 다하는 리더

그러면 리더는 어떻게 행동해야 하는가? 육지가 가까워질 무렵 사공들이 도망하려 할 때 바울은 그들의 탈출을 막으라고 급히 지시했다(30-32절). 뱃사람들이 있어야 배 안의 모든 사람이 살 수 있을 것이기 때문이다. 또한 바울은 배 안에 있던 모든 사람이 음식을 먹어 기운을 차리게 하였다(33-36절). 배가 파선했을 때 군사들이 죄수들이 도망을 못 가게 죽이자고 했으나 백부장은 바울을 살리기 위해 죄수들이 헤엄치거나 뜨는 물건을 잡고 섬으로 탈출하게 했다. 그래서 배에 타고 있던 276명이 한 사람도 빠지지 않고 다 구원받았다. 이렇게 풍랑 몰아치는 바다 위에서 사도 바울이 진정한 리더였다. 리더는 위기 속에서 더욱 진가를 발휘하며 결국 사람들을 살려낸다.

하나님의 인도하심을 확신한다고 하면서 우리가 감당해야 할 책임을 다하고 있는지 돌아보아야 한다. 바울처럼 하나님의 보호하심을 확신하며 꼭 해야 하는 일을 책임감 있게 감당하는 리더십을 발휘할 수 있어야 한다.

 "하나님 아버지, 위기를 기회로 삼아야 한다는 말을 알고 있습니다. 어려움을 탓하지 않고 하나님이 주신 확신으로 리더십을 발휘하는 사도 바울을 배울 수 있게 믿음을 더하여 주소서. 그래서 사람을 살리고 일터에 하나님 나라가 임하게 할 수 있도록 인도해 주소서."

10

크리스천 이미지
: 착한 일과 능력

직장인 모임에서 한 자매가 이야기했다.

자신은 승진했는데 친하게 지내는 선배 언니가 승진에서 탈락하여 몹시 서운해했다고 한다. 전도하려고 마음먹고 있던 선배였는데 관계가 서먹해지게 되었다. 그래서 고민을 하다가 사장님을 찾아가 승진해서 자신이 가게 될 자리에 승진에서 탈락한 그 선배를 추천했다. 그 자리는 그 회사 사람들이면 누구라도 가고 싶어 하는 자리였기에 그 선배의 기쁨은 컸고 그 일로 인해서 서먹하던 관계가 다시 회복되고 함께 성경을 공부하게 되었다. 그 이야기를 들으며 일터에서 흔하게 볼 수 없는 '착한 일'을 통해 크리스천의 정체를 분명히 드러냈다는 생각이 들었다.

유라굴로 광풍에 파선한 배가 도착한 멜리데 섬에서 바울은 크리스천의 멋진 이미지를 보여주었다. "우리가 구조된 후에 안즉 그 섬은 멜리데라 하더라. 비가 오고 날이 차매 원주민들이 우리에게 특별한 동정을 하여 불을 피워 우리를 다 영접하더라. 바울이 나무 한 묶음을 거두어 불에 넣으니 뜨거움으로 말미암아 독사가 나와 그 손을 물고 있는지라. 원주민들이 이 짐승이 그 손에 매달려 있음을 보고 서로 말하되 진실로 이 사람은 살인한 자로다. 바다에서는 구조를 받았으나 공의가 그를 살지 못하게 함이로다 하더니 바울이 그 짐승을 불에 떨어 버리매 조금도 상함이 없더라. 그들은 그가 붓든지 혹은 갑자기 쓰러져 죽을 줄로 기다렸다가 오래 기다려도 그에게 아무 이상이 없음을 보고 돌이켜 생각하여 말하되 그를 신이라 하더라. 이 섬에서 가장 높은 사람 보블리오라 하는 이가 그 근처에 토지가 있는지라. 그가 우리를 영접하여 사흘이나 친절히 머물게 하더니 보블리오의 부친이 열병과 이질에 걸려 누워 있거늘 바울이 들어가서 기도하고 그에게 안수하여 낫게 하매 이러므로 섬 가운데 다른 병든 사람들이 와서 고침을 받고 후한 예로 우리를 대접하고 떠날 때에 우리 쓸 것을 배에 실었더라"(행 28:1-10).

일터에서 착한 일로 솔선수범하라

알렉산드리아 호가 난파되고 배에 탔던 사람들은 멜리데 섬에 도착하여 원주민들에게 환대를 받았다. 비가 오고 날이 차서 불을 피워 주었는데 그때 바울이 나뭇가지를 한 묶음이나 주워 와서 불에 넣었다. 그런데 이렇게 할 필요가 있었을까?

바울은 당시에 고령이었고 또 풍랑 만난 배에서 뛰어난 리더십을 발휘해 모든 사람을 살린 '스타 죄수'였다. 그런데도 바울은 자신이 직접 나무를 해 와서 불에 넣는 솔선수범을 보여주었다. 진정한 섬김이자 착한 일을 한 것이다. 이런 선행이 우리 크리스천의 이미지를 아름답게 만들어 준다. 오늘 우리 사회에서 크리스천들이 칭찬받지 못하고 있는 것도 크리스천들이 더는 이런 착한 일을 잘하지 않기 때문은 아닌지 생각해 본다.

영적 능력을 발휘하여 크리스천 이미지를 드러내라

그런데 착한 일을 하다가 바울은 큰 곤경에 처했다. 모닥불에 넣으려고 바울이 준비한 나뭇단 안에 숨어있던 독사가 바울의 손을 물었다. 이 일을 보고 원주민들은 바울이 큰 죄인이어서 바다에서는 구조받았으나 공의로운 심판을 받는다고 말했다. 그러나 독사에 물린 바울은 뱀을 불에 떨어뜨린 후 오래 기다려도 아무런 이상이 없었다. 예수님이 믿는 사람에게 따르는 표적에 대해 하신 말씀이 기억난다. "뱀을 집어 올리며 무슨 독을 마실지라도 해를 받지 아니하며 병든 사람에게 손을 얹은즉 나으리라"(막 16:18). 예수님의 말씀을 실제로 이루는 이런 이적을 통해 바울은 영적 능력을 발휘했다.

여기에 더하여 바울은 추장 보블리오의 부친이 열병과 이질에 걸렸을 때 낫게 하였다. 섬 안의 여러 병든 사람들을 고쳤다. 예수님이 말씀하신 이적이 이루어졌다. 그대로 이루어졌다. 이 일로 인해 섬의 원주민들은 바울 일행이 그곳에서 겨울을 나게 하고 항해에 필요한 여러 가지 물품들을 공급해 주었다. 하나님이 주시는 능력을 우리가 일터에서 발휘할 때 사람들이 우리를 통해 하나님을 알고 하나님께 영광 돌린다. "이같이 너희 빛이 사람 앞에 비치게 하여 그들로 너희 착한 행실을 보고 하늘에 계신 너희 아버지께 영광을 돌리게 하라"(마 5:16).

예수님이 세상에서 소금과 빛의 삶을 사는 방법이라고 구체적으로 말씀하신 '착한 행실'을 우리의 일터에서 어떻게 실천할 수 있을지 찾아볼 수 있다. 필요한 곳에 하나님의 능력이 임하게 할 수 있도록 우리가 성령 충만해야 한다.

"하나님 아버지, 사도 바울처럼 일터에서 착한 일과 영적 능력으로 동료들을 감화시킬 수 있게 인도해 주소서. 그래서 우리 시대에 크리스천다운 멋진 이미지를 보여줄 수 있게 주님이 도와주소서."

11

>>> 사도행전 28:23-31

'땅끝'은 누구에게
열려 있는가?

예수 그리스도의 복음을 전하던 우리 선배들이 가려 하던 땅끝은
오늘 누구에게 열려 있는가?

"복음을 전하는 사람에게 열려 있다!"

미국 오하이오주에 있는 한 교회의 주일학교가 끝난 후 한 노인
이 목사에게 주일학교 아이들을 가르칠 수 있게 해달라고 부탁했다.
예전에는 아이들을 가르쳤으나 이사를 왔다고 말했다. 당장 맡길 반
이 없자 목사는 아이들을 전도하여 한 반을 만들어 교사로 가르치라
고 제안했다. 그래서 그 노인은 거리에 나가 학생들을 전도하여 교회
로 인도했고 그들을 양육하며 생애의 마지막 열정을 아이들에게 쏟
았다. 노인을 통해 전도 받은 아이 중에는 인도 선교사가 된 찰스 콘
웨이가 있었다. 미국 대통령의 비서가 된 아이도 있었고, 하딩이라는
아이는 미국의 대통령이 되었다.

'하나님 나라'에 대해 언급하며 복음 전파의 시작을 알린 사도행
전은 다시 '하나님 나라'를 언급하며 땅끝에서 새롭게 시작하는 결말
을 알리고 있다. "그들이 날짜를 정하고 그가 유숙하는 집에 많이 오

니 바울이 아침부터 저녁까지 강론하여 하나님의 나라를 증언하고 모세의 율법과 선지자의 말을 가지고 예수에 대하여 권하더라. 그 말을 믿는 사람도 있고 믿지 아니하는 사람도 있어 서로 맞지 아니하여 흩어질 때에 바울이 한 말로 이르되 성령이 선지자 이사야를 통하여 너희 조상들에게 말씀하신 것이 옳도다. 일렀으되 이 백성에게 가서 말하기를 너희가 듣기는 들어도 도무지 깨닫지 못하며 보기는 보아도 도무지 알지 못하는도다. 이 백성들의 마음이 우둔하여져서 그 귀로는 둔하게 듣고 그 눈은 감았으니 이는 눈으로 보고 귀로 듣고 마음으로 깨달아 돌아오면 내가 고쳐 줄까 함이라 하였으니 그런즉 하나님의 이 구원이 이방인에게로 보내어진 줄 알라. 그들은 그것을 들으리라 하더라. 바울이 온 이태를 자기 셋집에 머물면서 자기에게 오는 사람을 다 영접하고 하나님의 나라를 전파하며 주 예수 그리스도에 관한 모든 것을 담대하게 거침없이 가르치더라"(행 28:23-31).

끝나지 않는 끝! 새롭게 시작하다!

쉽지 않은 여정을 통해 로마에 도착한 바울은 믿는 형제들의 환영을 받았다(15절). 그러나 로마의 유대인들에게도 복음을 변증할 필요가 있었기에 유대인 중 높은 사람들을 청하여 그들에게 자신을 변호하였다. 유대인들은 바울의 사상을 믿을 수 없다고 하여 날을 정하여 바울이 머무는 집에 자주 와서 바울의 이야기를 들었다. 이 일 또한 복음 전도였다. 하나님 나라에 대한 증거를 믿지 않는 유대인들을 향하여 근거를 제시하면서 바울은 결국 그들에게 하나님 나라를 전파하며 복음을 전했다.

지금까지 전도하면서도 여러 차례 확인한 대로 많은 유대인은 복음을 깨닫지 못하고 배척했다. 그러자 하나님이 구원을 이방인들에게 보냈다. 바울은 하나님 나라의 확산에 대해서 바로 이 사실을 확신했다(25-28절). 이제 바울은 로마에서 재판을 받기 위해 기다리는 2년 동안에도 자기의 셋집에 찾아오는 사람들을 영접하고 가르쳤다. 성령님이 역사하여 사도들이 땅끝까지 복음을 증거하는 역사를 기록한 사도행전은 이렇게 마친다.

"하나님의 나라를 전파하며 주 예수 그리스도에 관한 모든 것을 담대하게 거침없이 가르치더라"(행 28:31).

오늘 우리 시대에 '땅끝'은 어디인가?

그런데 사도행전의 마지막 부분이 무언가 미완성인 듯한 느낌을 주지 않는가? 여기에 깊은 의미가 있다. 예수님의 명령에 따라 땅끝까지 이르러 복음을 전하는 사도들이 당시 사람들의 통념적 땅끝인 로마까지 이르렀다. 이제 로마보다 확대된 땅끝이 사도행전을 읽는 크리스천 청중들에게 열려 있다는 점을 암시한다. 특히 오늘 일하는 크리스천들에게 주어진 '땅끝'은 어디인가? 우리의 일터가 바로 우리의 '땅끝'이다. 직업을 가지고 나갈 세계 곳곳이 우리의 '땅끝'이다. 그렇다면 사도행전의 속편은 누가 써야 하겠는가? 오늘 일하는 우리가 계속 역사하시는 성령님의 인도하심을 따라 '일터행전'을 써내려가야 한다.

땅끝까지 이르러 예수님을 증거하고 하나님 나라의 임재를 알려야 할 사명이 이제 우리 일하는 크리스천들에게 주어져 있다. 일터에서 전도할 '땅끝 지도'를 그려보라. 어떻게 하면 효과적으로 일터에서 전도할지 사도행전의 복음 증거 역사를 통해 배워야 한다. 그리고 우리가 땅끝에 선 바울이 되어 복음을 들고 나서야 한다.

"하나님 아버지, 사도행전에 나오는 신앙 선배들의 열정을 본받게 하소서. 그래서 성령 충만한 전도자가 되게 인도해 주소서. 하나님의 나라를 전파하며 예수님에 관한 모든 것을 담대하게 증거할 수 있도록 주님이 함께하여 주소서."

이 책을 읽고 가장 은혜가 되었던 것은 무엇이며,
나의 신앙생활에 도전이 되었던 점은 무엇입니까?

이 책을 읽고 가장 은혜가 되었던 것은 무엇이며,
나의 신앙생활에 도전이 되었던 점은 무엇입니까?

....

....

....

....

....

....

....

이 책을 읽고 가장 은혜가 되었던 것은 무엇이며,
나의 신앙생활에 도전이 되었던 점은 무엇입니까?

....

....

....

....

....

....

....

■ 나의 신앙 고백 4

이 책을 읽고 가장 은혜가 되었던 것은 무엇이며,
나의 신앙생활에 도전이 되었던 점은 무엇입니까?

....

....

....

....

....

....

....

■ 나의 신앙 고백 5

이 책을 읽고 가장 은혜가 되었던 것은 무엇이며,
나의 신앙생활에 도전이 되었던 점은 무엇입니까?

....

....

....

....

....

....

....

....